AKAL BÁSICA DE BOLSILLO **375**

AF218594

Diseño interior y cubierta: RAG

1.ª edición, 1976
2.ª edición, 2024

© Ediciones Akal, S. A., 1976, 2024
Sector Foresta, 1
28760 Tres Cantos
Madrid - España
Tel.: 918 061 996
Fax: 918 044 028
www.akal.com

ISBN: 978-84-460-5489-4
Depósito legal: M-20.441-2024

Impreso en España

V. I. Lenin

Sobre Marx, Engels y el marxismo

ARGENTINA / ESPAÑA / MÉXICO

Karl Marx[1]

Breve esbozo biográfico

Karl Marx nació el 5 de mayo de 1818 en Tréveris (ciudad de la Prusia renana). Su padre era un abogado judío convertido al protestantismo en 1824. Su familia era acomodada y culta, aunque no revolucionaria. Después de cursar en Tréveris los estudios de bachillerato, Marx se matriculó en la universidad, primero en la de Bonn y luego en la de Berlín, siguiendo la carrera de Derecho, mas estudiando sobre todo historia y filosofía. Terminados sus estudios universitarios, en 1841, presentó una tesis sobre la filosofía de Epicuro. Sus ideas eran todavía entonces las de un idealista hegeliano. En Berlín se acercó al círculo de la «izquierda hegeliana» (Bruno Bauer y otros), que intentaba extraer de la filosofía de Hegel conclusiones ateas y revolucionarias.

Después de cursar sus estudios universitarios, Marx se trasladó a Bonn con la intención de hacerse profesor. Pero la política reaccionaria del gobierno –que en 1832 había despojado de la cátedra a Ludwig Feuerbach, negándole nuevamente la

---

[1] Este artículo fue redactado por V. I. Lenin en 1914 para el *Diccionario Enciclopédico* Granat.

entrada en las aulas en 1836, y que en 1841 retiró al joven
profesor Bruno Bauer el derecho a enseñar desde la cátedra de
Bonn– le obligó a renunciar a la carrera académica. En esta
época, las ideas de la izquierda hegeliana hacían rápidos progresos en Alemania. Fue Ludwig Feuerbach quien, sobre todo a
partir de 1836, se entregó a la crítica de la teología, comenzando a orientarse hacia el materialismo, que en 1841 (*La esencia
del cristianismo*) triunfa resueltamente en sus doctrinas; en
1843 ven la luz sus *Principios de la filosofía del porvenir.* «Hay
que haber vivido la influencia liberadora» de estos libros, escribe Engels años más tarde refiriéndose a esas obras de Feuerbach. «Nosotros» (es decir, la izquierda hegeliana, entre ellos
Marx) «nos hicimos al momento feuerbachianos»[2]. Por aquel
entonces, los burgueses radicales renanos, que tenían ciertos
puntos de contacto con la izquierda hegeliana, fundaron en
Colonia un periódico de oposición, la *Gaceta Renana* (que comenzó a publicarse el 1 de enero de 1842). Sus principales
colaboradores eran Marx y Bruno Bauer; en octubre de 1842,
Marx fue nombrado redactor jefe del periódico y se trasladó de
Bonn a Colonia. Bajo la dirección de Marx, la tendencia democrática revolucionaria del periódico fue acentuándose, y el
gobierno lo sometió primero a una doble y luego a una triple
censura, para acabar ordenando su total supresión a partir del
1 de enero de 1843. Marx se vio obligado a abandonar antes de
esa fecha su puesto de redactor jefe y el periódico dejó de publicarse en marzo de 1843. Entre los artículos más importantes, publicados por Marx en la *Gaceta Renana,* Engels mencio-
na, además de los que citamos más abajo (véase la «Bibliografía»[3])

[2] F. Engels, *Ludwig Feuerbach y el fin de la filosofía clásica alemana* (véase K. Marx y F. Engels, *Obras Escogidas*, t. II, p. 368, Moscú, 1966).
[3] Al final de este artículo, Lenin hizo un resumen de las obras marxistas
y referentes al marxismo, que omitimos en esta edición.

el que se refiere a la situación de los campesinos viticultores del valle de Mosela[4]. Como las actividades periodísticas le habían revelado que no disponía de los conocimientos necesarios de economía política, se aplicó ardorosamente al estudio de esta ciencia.

En 1843, Marx se casó en Kreuznach con Jenny von Westphalen, amiga suya de la infancia, con quien se había prometido ya de estudiante. Pertenecía su mujer a una reaccionaria y aristocrática familia prusiana. Su hermano mayor fue ministro de la Gobernación en Prusia durante una de las épocas más reaccionarias, de 1850 a 1858. En el otoño de 1843, Marx se trasladó a París, con el propósito de editar allí, desde el extranjero, una revista de tipo radical en colaboración con Arnold Ruge (1802-1880; hegeliano de izquierda, encarcelado de 1825 a 1830, emigrado después de 1848, y bismarckiano después de 1866-1870). De esta revista, titulada *Anales Franco-Alemanes,* solo llegó a ver la luz el primer cuaderno. La publicación hubo de interrumpirse a consecuencia de las dificultades con que tropezaba su difusión clandestina en Alemania y de las discrepancias de criterio surgidas entre Marx y Ruge. Los artículos de Marx en los *Anales* nos muestran ya al revolucionario que proclama la «crítica despiadada de todo lo existente», y, en especial, la «crítica de las armas»[5], apelando a las *masas* y al *proletariado.*

En septiembre de 1844 pasó unos días en París Friedrich Engels, que es a partir de este momento el amigo más íntimo de Marx. Ambos tomaron conjuntamente parte activísima en la vida, febril por aquel entonces, de los grupos revolucionarios de París (especial importancia revestía la doctrina de

---

[4] Se trata del artículo de K. Marx «Justificación del corresponsal de Mosela».

[5] K. Marx, *En torno a la crítica de la filosofía del Derecho,* «Introducción».

Proudhon, a la que Marx sometió a una crítica demoledora en su obra *Miseria de la Filosofía,* publicada en 1847) y, en lucha enérgica contra las diversas doctrinas del socialismo pequeñoburgués, construyeron la teoría y la táctica del *socialismo proletario* revolucionario o comunismo (marxismo). Véanse las obras de Marx correspondientes a esta época, 1844-1848, más abajo, en la *Bibliografía.* En 1845, a petición del gobierno prusiano, Marx fue expulsado de París como revolucionario peligroso, y fijó su residencia en Bruselas. En la primavera de 1847, Marx y Engels se afiliaron a una sociedad secreta de propaganda, la «Liga de los Comunistas», y tomaron parte destacada en el II Congreso de esta organización (celebrado en Londres, en noviembre de 1847), donde se les confió la redacción del famoso *Manifiesto comunista,* que vio la luz en febrero de 1848. Esta obra expone, con una claridad y una brillantez geniales, la nueva concepción del mundo, el materialismo consecuente aplicado también al campo de la vida social, la dialéctica como la más completa y profunda doctrina del desarrollo, la teoría de la lucha de clases y el papel revolucionario histórico mundial del proletariado como creador de una sociedad nueva, la sociedad comunista.

Al estallar la Revolución de febrero de 1848[6], Marx fue expulsado de Bélgica y se trasladó nuevamente a París, desde donde, después de la Revolución de marzo[7], pasó a Alemania, estableciéndose en Colonia. Del 1 de junio de 1848 al 19 de mayo de 1849 se publicó en esta ciudad la *Nueva Gaceta Renana,* que tenía a Marx de redactor jefe. El curso de los acontecimientos revolucionarios de 1848 y 1849 vino a confirmar de un modo brillante la nueva teoría, como habían de confirmarla también

---

[6] Se refiere a la Revolución burguesa de febrero de 1848 en Francia.
[7] Se alude a la Revolución burguesa en Alemania y Austria, iniciada en marzo de 1848.

en lo sucesivo todos los movimientos proletarios y democráticos de todos los países del mundo. Triunfante la contrarrevolución, Marx hubo de comparecer ante los tribunales y, si bien resultó absuelto (el 9 de febrero de 1849), posteriormente fue expulsado de Alemania (el 16 de mayo 1848). Vivió en París durante algún tiempo, pero, expulsado nuevamente de esta capital después de la manifestación del 13 de junio de 1849[8], fue a instalarse a Londres, donde pasó ya el resto de su vida.

Las condiciones de vida en la emigración eran extraordinariamente penosas, como lo prueba especialmente la correspondencia entre Marx y Engels (editada en 1913)[9]. La miseria pesó de un modo verdaderamente asfixiante sobre Marx y su familia; a no ser por la constante y altruista ayuda económica de Engels, Marx no solo no habría podido llevar a término *El capital,* sino que habría sucumbido fatalmente ante la pobreza. Además, las doctrinas y corrientes del socialismo pequeñoburgués y del socialismo no proletario en general, predominantes en aquella época, obligaban a Marx a mantener una lucha incesante y despiadada, y a veces defenderse contra los ataques personales más rabiosos y más absurdos *(Herr Vogt)*[10]. Apartándose de los círculos de emigra-

---

[8] Se trata de una manifestación popular en París, organizada por el partido de la pequeña burguesía («La Montaña») en señal de protesta contra la infracción por el presidente y la mayoría de la Asamblea Constituyente de las órdenes constitucionales, establecidos por la Revolución de 1848. La manifestación fue disuelta por el Gobierno.

[9] Lenin se refiere a la correspondencia entre Marx y Engels, editada en 4 tomos en Alemania bajo el título de *Der Briefwechsel Zwischen Friedrich Engels und Karl Marx 1844 bis 1883,* ed. por A. Bebel y E. Bernstein, Stuttgart, 1913.

[10] Lenin se refiere al panfleto de K. Marx *Herr [El señor Vogt],* respuesta al folleto calumnioso del agente bonapartista K. Vogt titulado *Mi proceso contra «Allgemeine Zeitung».*

dos y concentrando sus fuerzas en el estudio de la economía política, Marx desarrolló su teoría materialista en una serie de trabajos históricos (véase la «Bibliografía»). Sus obras *Contribución a la crítica de la economía política* (1859) y *El capital* (t. I, 1867) significaron una revolución en la ciencia económica (véase más abajo «La doctrina de Marx»).

La época de intensificación de los movimientos democráticos, a finales de la década de 1850 y en la de 1860, llamó de nuevo a Marx al trabajo práctico. El 28 de septiembre de 1864 se fundó en Londres la famosa I Internacional, la «Asociación Internacional de los Trabajadores»[11]. Alma de esta organización era Marx, que fue el autor de su primer *Manifiesto*[12] y de un gran número de acuerdos, declaraciones y llamamientos. Con sus esfuerzos por unificar el movimiento obrero de los diferentes países y por traer a los cauces de una actuación común las diversas formas del socialismo no proletario, premarxista (Mazzini, Proudhon, Bakunin, el tradeunionismo liberal inglés, las oscilaciones derechistas de Lassalle en Alemania, etc.), Marx, a la par que combatía las teorías de todas estas sectas y escuelitas, fue forjando la táctica común de la lucha proletaria de la clase obrera en los distintos países. Después de la caída de la Co-

---

[11] *Asociación Internacional de los Trabajadores* (I Internacional): primera asociación revolucionaria internacional de masas del proletariado (1864-1876). Su fundador y dirigente fue Marx, autor del Manifiesto fundacional los Estatutos y otros documentos programáticos y tácticos. La I Internacional dirigía la lucha económica y política de los obreros de distintos países, fortaleciendo su solidaridad internacional. La I Internacional contribuyó enormemente a la divulgación del marxismo y la unión del socialismo con el movimiento obrero.
[12] Se alude al *Manifiesto fundacional de la Asociación Internacional de los Trabajadores*.

muna de París (1871)[13] –que Marx (en *La guerra civil en Francia,* 1871) analizó de un modo tan profundo, tan certero y tan brillante, con tan gran espíritu *práctico* y revolucionario– y al producirse la escisión provocada por los bakuninistas[14], la Internacional no podía subsistir en Europa.

---

[13] *La Comuna de París:* Gobierno revolucionario de la clase obrera, creado por la revolución proletaria en París en 1871; primer Gobierno de la dictadura del proletariado que conoce la historia. La Comuna de París existió 72 días: desde el 18 de marzo hasta el 28 de mayo. Por decreto de la Comuna, la Iglesia fue separada tanto del Estado como de la escuela. La Comuna proclamó la sustitución del ejército con el armamento de todo el pueblo, el principio de electividad de jueces y funcionarios, prohibiendo que el nivel de sueldos de estos sobrepasara al de los salarios de los obreros, aplicó diversas medidas encaminadas a mejorar la situación económica de los obreros y las capas pobres urbanas, etc. El 21 de mayo de 1871, las tropas del Gobierno contrarrevolucionario de Thiers irrumpieron en París y aplastaron con crueldad la insurrección: cerca de 30.000 obreros fueron asesinados, 50.000 detenidos y varios millares condenados a trabajos forzados.

[14] *Bakuninismo:* corriente que lleva el nombre de M. Bakunin, ideólogo del anarquismo. Los bakuninistas desplegaban una lucha tenaz contra la teoría marxista y la táctica del movimiento obrero. La tesis fundamental del bakuninismo es la negación de cualquier Estado, incluida la dictadura del proletariado, y la incomprensión del papel histórico-universal del proletariado. Según los bakuninistas, una sociedad secreta, compuesta de «destacadas personalidades» debía dirigir levantamientos populares que se realizarían inmediatamente. Esta táctica de conspiraciones, de levantamientos inmediatos y de terrorismo era aventurera y hostil a la ciencia marxista acerca de la insurrección. El bakuninismo era afín al proudhonismo, corriente pequeñoburguesa que reflejaba la ideología del pequeño propietario arruinado. Bakunin, que aspiraba a ocupar un puesto dirigente en el Consejo General de la Asociación Internacional de los Trabajadores, luchó contra Marx, utilizando todos los medios a su alcance. En el Congreso de la Haya (1872), Bakunin y Guillaume, líderes del anarquismo, fueron expulsados de la I Internacional por sus actividades subversivas. Marx y Engels sometieron a dura crítica la teoría y la táctica de los bakuninistas.

Después del Congreso de La Haya (1872), Marx consiguió que el Consejo General de la Internacional se trasladase a Nueva York. La I Internacional había cumplido su misión histórica y cedió el campo a una época de desarrollo incomparablemente más amplio del movimiento obrero en todos los países del mundo, época en que este movimiento había de desplegarse *extensivamente,* engendrando partidos obreros socialistas *de masas* dentro de cada Estado nacional.

Su intensa labor en la Internacional y sus estudios teóricos, todavía más intensos, quebrantaron definitivamente la salud de Marx. Este prosiguió su obra de transformación de la economía política y se consagró a terminar *El capital,* reuniendo con este objetivo una infinidad de nuevos documentos y poniéndose a estudiar varios idiomas (entre ellos el ruso), pero la enfermedad le impidió dar cima a *El capital.*

El 2 de diciembre de 1881 murió su mujer. El 14 de marzo de 1883, Marx se dormía dulcemente para siempre en su sillón. Yace enterrado, junto a su mujer, en el cementerio de Highgate de Londres. Varios hijos de Marx murieron en la infancia, en Londres, cuando la familia atravesaba extraordinarias dificultades económicas. Tres de sus hijas contrajeron matrimonio con socialistas de Inglaterra y Francia: Eleanor Marx, Laura Lafargue y Jenny Longuet. Un hijo de esta última es miembro del Partido Socialista Francés.

La doctrina de Marx

El *marxismo* es el sistema de las ideas y la doctrina de Marx. Marx es el continuador y consumador genial de las tres principales corrientes ideológicas del siglo XIX, que tuvieron por cuna a los tres países más avanzados de la humanidad: la filosofía clásica alemana, la economía política clásica inglesa y el socialismo francés, unido a las doctrinas revolucionarias francesas en general. La maravillosa consistencia y la unidad sistemática, que hasta los adversarios de Marx reconocen en sus ideas, y que en conjunto representan el materialismo y el socialismo científico modernos como teoría y programa del movimiento obrero de todos los países civilizados del mundo, nos obligan a trazar, antes de exponer el contenido principal del marxismo, o sea, la doctrina económica de Marx, un breve resumen de su concepción del mundo en general.

El materialismo filosófico

Desde los años 1844 y 1845, época en que se forman sus ideas, Marx es materialista y, concretamente, sigue a Ludwig Feuerbach, cuyo único punto débil fue para él, entonces y más tarde, la falta de consistencia y de universalidad de que adolecía su materialismo. Para Marx, la importancia histórica universal de Feuerbach, lo que en él «hizo época», era precisamente la resuelta ruptura con el idealismo hegeliano y la afirmación del materialismo, que ya «en el siglo XVIII, sobre todo en Francia, no había sido solamente una lucha contra las instituciones políticas existentes y, al mismo tiempo, contra la religión y la teología, sino también [...] contra toda metafísica» (en el sentido de «especulación ebria», a diferencia de la «filosofía sobria»; *La sagrada familia,* en *Herencia literaria).* «Para Hegel –escribía Marx–, el proceso del pensamiento, al que convierte incluso, bajo el nombre de idea, en sujeto con vida propia, es el demiurgo (el creador) de lo real [...]. Para mí, por el contrario, lo ideal no es más que lo material traspuesto y traducido en la cabeza del hombre» *(El capital,* t. I. «Palabras finales a la 2.ª ed.»). Coincidiendo en un todo con la filosofía materialista de Marx, F. Engels expone del siguiente modo esta concepción filosófica en su *Anti-Dühring,* cuyo manuscrito había tenido Marx en sus manos: «La unidad del mundo no consiste en su ser […]. La unidad real del mundo consiste en su materialidad, que tiene su prueba […] en el largo y penoso desarrollo de la filosofía y las ciencias naturales […]. El movimiento es la forma de existencia de la materia. Jamás ni en parte alguna ha existido ni puede existir materia sin movimiento ni movimiento sin materia […]. Si nos preguntamos […] qué son, en realidad, el pensamiento y la conciencia y de dónde proceden, nos encontramos con que son productos del cerebro humano y con que el mismo hombre no es más que un producto de la naturaleza que se ha formado y desarrollado en su ambiente y con ella; por donde llegamos a la conclusión, lógica por sí misma, de que los productos del cerebro humano, que en última instancia no son tampoco más que productos naturales, no se contradicen, sino que se armonizan con la concatenación general de la naturaleza». «Hegel era idealista, es decir, que no consideraba las ideas de su cerebro como reflejos *(Abbilder,* a veces Engels, habla de "reproducciones") más o menos abstractos de los objetos y de los fenómenos reales, sino, al contrario, eran los objetos y su desarrollo los que para él eran los reflejos de la idea, existente, no se sabe dónde, antes de aparecer el mundo». En *Ludwig Feuerbach,* obra donde F. Engels expone sus ideas y las de Marx acerca del sistema de este filósofo y cuyo original mandó a la imprenta después de haber revisado un antiguo manuscrito suyo y de Marx, procedente de los años 1844 y 1845, acerca de Hegel, Feuerbach y la concepción materialista de la historia, Engels dice: «El gran problema cardinal de toda filosofía, especialmente de la moderna, es el problema de la relación entre el pensar y el ser, entre el espíritu y la naturaleza [...]. ¿Qué es lo primero: el espíritu o la naturaleza? [...]. Los filósofos se dividían en dos grandes campos, según la respuesta que diesen a esta pregunta. Los que afirmaban la anterioridad del espíritu frente a la naturaleza y que, por tanto, admitían en última instancia una creación del mundo, de cualquier clase que fuera [...], se agrupaban en el campo del idealismo. Los demás, aquellos para quienes la naturaleza era lo primero, se agrupan en distintas escuelas de materialismo». Todo otro empleo de los conceptos de idealismo y materialismo (en sentido filosófico) no hace sino sembrar confusión. Marx rechaza enérgicamente no solo el idealismo –aliado siempre de un modo o de otro a la religión–, sino la doctrina de Hume y Kant, tan extendida en nuestros días, el agnosticismo, el criticismo y el positivismo en sus distintas formas; para él, esta clase de filosofía era una concesión «reaccionaria» hecha al idealismo y, en el mejor de los casos, una «manera vergonzosa de aceptar el materialismo por debajo de cuerda y renegar de él públicamente»[15]. Acerca de esto, puede consultarse, aparte de las obras ya citadas de Engels y Marx, la carta de este último a Engels del 12 de diciembre de 1868; en ella, Marx habla de una manifestación del famoso naturalista T. Huxley, en que se muestra «más materialista» que de ordinario y reconoce: «nosotros observamos y pensamos realmente; nunca podemos salirnos del materialismo»; pero, al mismo tiempo, Marx le reprocha el dejar abierto un «portillo» al agnosticismo, al humeanismo. En particular, conviene hacer presente de un modo especial la concepción de Marx acerca de la relación entre libertad y necesidad: «La necesidad solo es ciega mientras no se la comprende. La libertad no es otra cosa que el conocimien-

---

[15] Véase K. Marx y F. Engels, *Obras Escogidas*, t. II, pp. 369-371.

to de la necesidad» (Engels, *Anti-Dühring)*. Esto equivale al reconocimiento de la lógica objetiva de la naturaleza y de la transformación dialéctica de la necesidad en libertad (a la par que de la transformación de la «cosa en sí», ignorada, pero susceptible de ser conocida, en «cosa para nosotros», y de la «esencia de las cosas» en «fenómenos»). El principal defecto del «viejo» materialismo, sin excluir el de Feuerbach (y no digamos el materialismo «vulgar» de Büchner-Vogt-Moleschott), consistía, según Marx y Engels, en lo siguiente: 1) en que este materialismo era «predominantemente mecánico» y no tenía en cuenta los últimos progresos de la química y la biología (en nuestros días habría que añadir la teoría eléctrica de la materia); 2) en que el viejo materialismo no tenía un carácter histórico ni dialéctico (sino metafísico, en el sentido de antidialéctico) y no mantenía de un modo consecuente ni en todos sus aspectos el criterio de la evolución; 3) en que concebía la «esencia humana» en abstracto, y no como el «conjunto de las relaciones sociales» (históricamente concretas y determinadas), razón por la cual no hacía más que «interpretar» el mundo, cuando en realidad se trata de «transformarlo»; es decir, en que no comprendía la importancia de la «actuación revolucionaria práctica».

La dialéctica

La dialéctica hegeliana, como la doctrina más universal, rica de contenido y profunda de desarrollo, era para Marx y Engels la mayor adquisición de la filosofía clásica alemana. Toda otra fórmula del principio del desarrollo, de la evolución, les parecía estrecha y pobre, que mutilaba y desfiguraba la verdadera marcha del desarrollo en la naturaleza y en la sociedad (marcha que a menudo se efectúa a través de saltos, catástrofes y revoluciones). «Marx y yo fuimos seguramente casi los únicos que tratamos de salvar» (del descalabro del idealismo, comprendido el hegelianismo) «la dialéctica consciente para traerla a la concepción materialista de la naturaleza». «La naturaleza es la piedra de toque de la dialéctica, y hay que decir que las ciencias naturales modernas, que nos han brindado materiales extraordinariamente copiosos» (¡y esto fue escrito antes de ser descubiertos el radio, los electrones, la transformación de los elementos, etc.!) «y que aumentan cada día que pasa, demuestran con ello que la naturaleza se mueve, en última instancia, por cauces dialécticos, y no sobre carriles metafísicos»[16].

«La gran idea cardinal de que el mundo no puede concebirse como un conjunto de objetos terminados y acabados –escribe Engels–, sino como un conjunto de procesos, en el que las cosas que parecen estables, al igual que sus reflejos mentales en nuestras cabezas, los conceptos, pasan por una serie ininterrumpida de cambios, por un proceso de génesis y caducidad; esta gran idea cardinal se halla ya tan arraigada desde Hegel en la conciencia habitual que, expuesta así, en términos generales, apenas encuentra oposición. Pero una cosa es reconocerla de palabra y otra cosa es aplicarla a la realidad concreta, en todos los campos sometidos a la investigación». «Para la filosofía dialéctica no existe nada definitivo, absoluto, consagrado; en todo pone de relieve lo que tiene de perecedero, y no deja en pie más que el proceso ininterrumpido del devenir y del perecer, un ascenso sin fin de lo inferior a lo superior, cuyo mero reflejo en el cerebro pensante es esta misma filosofía». Así pues, la dialéctica es, según Marx, «la ciencia de las leyes generales del movimien-

---

[16] F. Engels, *Anti-Dühring*.

to, tanto el del mundo exterior como el del pensamiento humano»[17].

Este aspecto revolucionario de la filosofía hegeliana es el que Marx recoge y desarrolla. El materialismo dialéctico «no necesita de ninguna filosofía entronizada sobre las demás ciencias». Lo único que queda en pie de la filosofía anterior es «la teoría del pensamiento y sus leyes, la lógica formal y la dialéctica»[18]. Y la dialéctica, tal como la concibe Marx, así como Hegel, engloba lo que hoy se llama teoría del conocimiento o gnoseología, ciencia que debe enfocar también históricamente su objeto, investigando y sintetizando los orígenes y el desarrollo del conocimiento y el paso del no conocimiento al conocimiento.

La idea del desarrollo, de la evolución, ha penetrado actualmente casi en su integridad en la conciencia social, pero no a través de la filosofía de Hegel, sino por otros caminos. Sin embargo, esta idea, tal como la formularon Marx y Engels, arrancando de Hegel, es mucho más vasta, más rica de contenido que la teoría de la evolución al uso. Es un desarrollo que parece repetir las etapas ya recorridas, pero de otro modo, sobre una base más alta (la «negación de la negación»); un desarrollo que no discurre en línea recta, sino en espiral, por decirlo así; un desarrollo a saltos, a través de catástrofes y de revoluciones, que son otras tantas «interrupciones en el proceso gradual», otras tantas transformaciones de la cantidad en calidad; impulsos internos del desarrollo originados por la contradicción, por el choque de las diversas fuerzas y tendencias que actúan sobre un determinado cuerpo o en los límites de un fenómeno concreto, o en el

---

[17] F. Engels, *Ludwig Feuerbach y el fin de la filosofía clásica alemana* (véase *Obras Escogidas*, t. II, pp. 388, 362-363).
[18] F. Engels, *Anti-Dühring*.

seno de una sociedad dada; interdependencia, e íntima e inseparable concatenación de todos los aspectos de cada fenómeno (con la particularidad de que la historia pone constantemente de manifiesto aspectos nuevos), concatenación que ofrece un proceso único y mundial de movimiento, con sus leyes: tales son algunos rasgos de la dialéctica, doctrina del desarrollo mucho más compleja y rica que la teoría corriente. (Véase la carta de Marx a Engels del 8 de enero de 1868, donde ridiculiza las «rígidas tricotomías» de Stein, que sería irrisorio confundir con la dialéctica materialista).

La concepción materialista de la historia

La conciencia de que el viejo materialismo era una doctrina inconsecuente, incompleta y unilateral llevó a Marx a la convicción de que era necesario «poner en armonía con la base materialista, reconstruyéndola sobre ella, la ciencia de la sociedad»[19]. Si el materialismo en general explica la conciencia por el ser, y no al contrario, aplicado a la vida social de la humanidad exige que la conciencia *social* se explique por el ser *social.* «La tecnología –dice Marx (en *El capital,* t. I)– descubre la relación activa del hombre respecto a la naturaleza, el proceso inmediato de producción de su vida, y, al mismo tiempo, de las condiciones sociales de su vida y de las representaciones espirituales que de ellas se derivan»[20]. En el prólogo a la *Contribución a la crítica de la economía política,* expone Marx una fórmula íntegra de los principios del materialismo aplicados a la sociedad humana y a su historia. Dice así:

---

[19] F. Engels, *Ludwig Feuerbach y el fin de la filosofía clásica alemana* (véase *Obras Escogidas*, t. II, p. 377).
[20] K. Marx, *El capital,* t. I, cap. XIII, § l.

«En la producción social de su vida, los hombres contraen determinadas relaciones necesarias e independientes de su voluntad, relaciones de producción que corresponden a una determinada fase de desarrollo de sus fuerzas productivas materiales.

»El conjunto de estas relaciones de producción forma la estructura económica de la sociedad, la base real sobre la que se levanta la superestructura jurídica y política y a la que corresponden determinadas formas de conciencia social. El modo de producción de la vida material condiciona el proceso de la vida social, política y espiritual en general. No es la conciencia del hombre la que determina su ser, sino, por el contrario, el ser social es lo que determina su conciencia. Al llegar a una determinada fase de desarrollo, las fuerzas productivas materiales de la sociedad chocan con las relaciones de producción existentes, o, lo que no es más que la expresión jurídica de esto, con las relaciones de propiedad dentro de las cuales se han desenvuelto hasta allí. De formas de desarrollo de las fuerzas productivas, estas relaciones se convierten en trabas suyas. Y se abre así una época de revolución social. Al cambiar la base económica, se revoluciona, más o menos rápidamente, toda la inmensa superestructura erigida sobre ella. Cuando se estudian esas revoluciones, hay que distinguir siempre entre los cambios materiales ocurridos en las condiciones económicas de producción y que pueden apreciarse con la exactitud propia de las ciencias naturales, y las formas jurídicas, políticas, religiosas, artísticas o filosóficas, en una palabra, las formas ideológicas en las que los hombres adquieren conciencia de este conflicto y luchan por resolverlo. Y del mismo modo que no podemos juzgar a un individuo por lo que él piensa de sí, no podemos juzgar tampoco a estas épocas de revolución por su conciencia, sino que, por el contrario, hay que explicarse esta conciencia por las contradicciones de la vida material, por el conflicto existente entre las fuerzas productivas sociales y las relaciones de producción [...]. A grandes rasgos podemos designar como otras tantas épocas de progreso, en la formación económica de la sociedad, el modo de producción asiático, el antiguo, el feudal y el moderno burgués». (Compárese con la concisa fórmula que Marx da en su carta a Engels del 7 de julio de 1866: «Nuestra teoría de la organización del trabajo determinada por los medios de producción»).

El descubrimiento de la concepción materialista de la historia o, mejor dicho, la consecuente aplicación y extensión del materialismo al campo de los fenómenos sociales acaba con los dos defectos fundamentales de las teorías de la historia anteriores a Marx. En primer lugar, en el mejor de los casos, estas teorías solo consideraban los móviles ideológicos de la actividad histórica de los hombres, sin investigar el origen de esos móviles, sin percibir las leyes objetivas que rigen el desarrollo del sistema de las relaciones sociales, sin advertir las raíces de estas relaciones en el grado de progreso de la producción material; en segundo lugar, las viejas teorías no abarcaban precisamente las acciones de las *masas* de la población, mientras que el materialismo histórico permitió por primera vez el estudio, con la exactitud del naturalista, de las condiciones sociales de la vida de las masas y de los cambios experimentados por estas condiciones. La «sociología» y la historiografía anteriores a Marx acumularon, en el *mejor* de los casos, datos no analizados y fragmentarios, y expusieron algunos aspectos del proceso histórico. El marxismo señaló el camino para una investigación universal y completa del proceso de nacimiento, desarrollo y decadencia de las formaciones económico-sociales, examinando el *conjunto* de todas las tendencias contradictorias y concentrándolas en las condiciones, exactamente determinables, de vida y de producción de las distintas *clases* de la sociedad, eliminando el subjetivismo y la arbitrariedad en la elección de las diversas ideas «dominantes» o en su interpretación y poniendo al descubierto las *raíces* de todas las ideas y de todas las diversas tendencias manifestadas en el estado de las fuerzas materiales productivas, sin excepción alguna. Son los hombres los que hacen su propia historia, pero ¿qué determina los móviles de estos hombres, y, más exactamente, de las masas humanas?, ¿a qué se deben los choques de las ideas y aspiraciones contradictorias?, ¿qué representa el conjunto de todos estos choques que se producen en la masa toda de las sociedades humanas?, ¿cuáles son las condiciones objetivas de producción de la vida material que forman la base de toda la actuación histórica de los hombres?, ¿cuál es la ley que preside el desenvolvimiento de estas condiciones? Marx se detuvo en todo esto y trazó el camino del estudio científico de la historia concebida como un proceso único y lógico, pese a toda su imponente complejidad y a todo su carácter contradictorio.

La lucha de clases

Todo el mundo sabe que en cualquier sociedad las aspiraciones de los unos chocan abiertamente con las aspiraciones de los otros, que la vida social está llena de contradicciones, que la historia nos muestra la lucha entre pueblos y sociedades y en su propio seno; sabe también que se produce una sucesión de periodos de revolución y reacción, de paz y de guerras, de estancamiento y de rápido progreso o decadencia. El marxismo da el hilo conductor que permite descubrir la lógica en este aparente laberinto y caos: la teoría de la lucha de clases. Solo el estudio del conjunto de las aspiraciones de todos los miembros de una sociedad dada, o de un grupo de sociedades, permite fijar con precisión científica el resultado de estas aspiraciones. Ahora bien, el origen de esas aspiraciones contradictorias son siempre las diferencias de situación y condiciones de vida de las clases en que se divide toda sociedad. «La historia de todas las sociedades que han existido hasta nuestros días –escribe Marx en el *Manifiesto comunista* (exceptuando la historia de la comunidad primitiva, añade más tarde Engels)– es la historia de las luchas de clases. Hombres libres y esclavos, patricios y plebeyos, señores y siervos, maestros y oficiales; en una palabra: opresores y oprimidos se enfrentaron siempre, mantuvieron una lucha constante, velada unas veces, y otras franca y abierta; lucha que terminó siempre con la transformación revolucionaria de toda la sociedad o el hundimiento de las clases beligerantes… La moderna sociedad burguesa, que ha salido de entre las ruinas de la sociedad feudal, no ha abolido las contradicciones de clase. Únicamente ha sustituido las viejas clases, las viejas condiciones de opresión, las viejas formas de lucha, por otras nuevas. Nuestra época, la época de la burguesía, se distingue, sin embargo, por haber simplificado las contradicciones de clase. Toda la sociedad va dividiéndose, cada vez más, en dos grandes campos enemigos, en dos grandes clases, que se enfrentan directamente: la burguesía y el proletariado». Desde la gran Revolución francesa, la historia de Europa pone de manifiesto en distintos países con particular evidencia la verdadera causa de los acontecimientos, la lucha de clases. Ya la época de la restauración[21] dio a conocer en Francia

---

[21] *Restauración:* periodo en la historia de Francia desde 1814 hasta 1830 durante el cual el poder se encontraba en manos de la dinastía real restaurada de los Borbones, derrocada por la Revolución burguesa francesa en 1792.

algunos historiadores (Thierry, Guizot, Mignet, Thiers) que, al sintetizar los acontecimientos, no pudieron por menos de ver en la lucha de las clases la clave para la comprensión de toda la historia francesa. Y la época contemporánea, la época que señala el triunfo completo de la burguesía y de las instituciones representativas, del sufragio amplio (cuando no universal), de la prensa diaria barata y que llega a las masas, etc., la época de las potentes asociaciones obreras y patronales cada vez más vastas, etc., muestra de un modo todavía más patente (aunque a veces en forma unilateral, «pacífica», «constitucional») que la lucha de clases es el motor de los acontecimientos. El siguiente pasaje del *Manifiesto comunista* nos muestra lo que Marx exigía de la sociología para el análisis objetivo de la situación de cada clase en la sociedad moderna, en relación con el análisis de las condiciones de desarrollo de cada clase: «De todas las clases que hoy se enfrentan con la burguesía, solo el proletariado es una clase verdaderamente revolucionaria. Las demás clases van degenerando y desaparecen con el desarrollo de la gran industria; el proletariado, en cambio, es su producto más peculiar. Las capas medias –el pequeño industrial, el pequeño comerciante, el artesano, el campesino–, todas ellas luchan contra la burguesía para salvar de la ruina su existencia como tales capas medias. No son, pues, revolucionarias, sino conservadoras. Más todavía, son reaccionarias, ya que pretenden volver atrás la rueda de la historia. Son revolucionarias únicamente cuando tienen ante sí la perspectiva de su tránsito inminente al proletariado, defendiendo así no sus intereses presentes, sino sus intereses futuros, cuando abandonan sus propios puntos de vista para adoptar los del proletariado». En bastantes obras históricas (véase «Bibliografía»), Marx nos ofrece ejemplos profundos y brillantes de historiografía materialista, de análisis de la situación de cada clase concreta y a veces de los diversos grupos o capas que se manifiestan dentro de ella, mostrando hasta la evidencia por qué y cómo «toda lucha de clases es una lucha política»[22]. El pasaje que acabamos de citar indica lo intrincada que es la red de relaciones sociales y grados *transitorios* de una clase a otra, del pasado al porvenir, que Marx analiza para extraer la resultante de la evolución histórica.

Donde la teoría de Marx encuentra su confirmación y aplicación más profunda, más completa y más detallada, es en su doctrina económica.

La doctrina económica de Marx

«El fin que persigue esta obra –dice Marx en su prefacio de *El capital*– es descubrir la ley económica del movimiento de la sociedad moderna», es decir, de la sociedad capitalista, de la sociedad burguesa. El estudio de las relaciones de producción de una sociedad históricamente determinada y concreta en su aparición, su desarrollo y su decadencia es lo que compone la doctrina económica de Marx. En la sociedad capitalista impera la producción de *mercancías;* por eso, el análisis de Marx empieza con el análisis de la mercancía.

El valor

Mercancía es, en primer lugar, un objeto que satisface una necesidad humana cualquiera. En segundo lugar, un objeto susceptible de ser cambiado por otro. La utilidad de un objeto lo convierte en *valor de uso.* El valor de cambio (o

---

[22] Véase K. Marx y F. Engels, *Obras Escogidas*, t. I, pp. 19-21, 30.

valor, sencillamente) no es, ante todo, más que la relación o proporción en que se cambia un determinado número de valores de uso de una especie por un determinado número de valores de uso de otra especie. La experiencia diaria nos dice que, a través de millones y miles de millones de actos de cambio de esa clase, se equiparan constantemente todo género de valores de uso, aun los más diversos y menos equiparables entre sí. ¿Qué hay de común entre todos estos diversos objetos, qué los hace equivalentes a cada paso, dentro de un determinado sistema de relaciones sociales? Tienen de común el ser *productos del trabajo.* Al cambiar sus productos, lo que hacen los hombres es establecer relaciones de equivalencia entre las más diversas clases de trabajo. La producción de mercancías es un sistema de relaciones sociales en que los diversos productores crean distintos productos (división social del trabajo) y en que todos estos productos se equiparan los unos a los otros por medio del cambio. Por tanto, lo que todas las mercancías tienen de común no es el trabajo concreto de una determinada rama de producción, no es un trabajo de un género determinado, sino el trabajo humano *abstracto,* el trabajo humano en general. En una sociedad determinada, toda la fuerza de trabajo, representada por la suma de valores de todas las mercancías, constituye una y la misma fuerza humana de trabajo; así lo patentizan miles de millones de actos de cambio. Por consiguiente, cada mercancía por separado no representa más que una cierta parte del tiempo de trabajo *socialmente necesario.* La magnitud del valor se determina por la cantidad de trabajo socialmente necesario o por el tiempo de trabajo socialmente necesario para producir determinada mercancía o determinado valor de uso. «Al equiparar sus diversos productos sometidos a cambio, los hombres equiparan sus diversos trabajos como modalidades de trabajo humano. No se dan cuenta, pero lo hacen»[23]. El valor es, como ha dicho un viejo economista, una relación entre dos personas. Hubiera debido simplemente añadir: relación encubierta por una envoltura material. Solo partiendo del sistema de las relaciones sociales de producción de una formación social históricamente dada, relaciones que toman cuerpo en el cambio, fenómeno generalizado que se repite miles de millones de veces, cabe llegar a comprender lo que es el valor. «Como valores, las mercancías no son más que cantidades determinadas de tiempo de trabajo coagulado»[24]. Después de analizar en detalle el doble carácter del trabajo encarnado en las mercancías, Marx pasa al análisis de la *forma del valor y del dinero.* En este punto, la principal tarea que Marx se asigna es buscar el *origen* de la forma monetaria del valor, estudiar el *proceso histórico* de desenvolvimiento del cambio, comenzando por las operaciones sueltas y fortuitas de trueque («forma simple, suelta o casual del valor»: determinada cantidad de una mercancía es cambiada por determinada cantidad de otra mercancía) hasta remontarse a la forma general del valor, en que mercancías diferentes se cambian por otra mercancía determinada y concreta, siempre la misma, y a la forma monetaria, en que la función de esta mercancía, o sea, la función de equivalente general, la ejerce ya el oro. El dinero, producto en que culmina el desarrollo del cambio y de la producción de mercancías, disimula y encubre el carácter social de los trabajos parciales, la concatenación social existente entre los diversos productores unidos por el mercado. Marx somete las diversas funciones del dinero a un análisis extraordinariamente minucioso, debiendo advertirse, pues tiene gran importancia, que en estas páginas (como

---

[23] K. Marx, *El capital,* t. I, cap. 1, § 4.
[24] K. Marx, *Contribución a la crítica de la economía política,* cap. I.

en todos los primeros capítulos de *El capital*) la forma abstracta de la exposición, que a veces parece puramente deductiva, recoge en realidad las conclusiones de un gigantesco arsenal de datos sobre la historia del desarrollo del cambio y de la producción de mercancías. «El dinero supone cierto nivel de cambio de mercancías. Las distintas formas del dinero –simple equivalente de mercancías, medio de circulación, medio de pago, tesoro y dinero mundial– señalan, según el distinto alcance y la preponderancia relativa de una de estas funciones, grados muy distintos del proceso social de producción» (*El capital*, t. I)[25].

La plusvalía

Al alcanzar la producción de mercancías un determinado grado de desarrollo, el dinero se convierte en capital. La fórmula de la circulación de mercancías era: M (mercancía) – D (dinero) – M (mercancía), es decir, venta de una mercancía para comprar otra. La fórmula general del capital es, por el contrario, D – M – D', es decir, compra para la venta (con ganancia). El crecimiento del valor primitivo del dinero que se lanza a la circulación es lo que Marx llama plusvalía. Ese «acrecentamiento» del dinero lanzado a la circulación capitalista es un hecho conocido por todo el mundo. Y precisamente ese «acrecentamiento» es lo que convierte el dinero en capital, o sea, en una relación social de producción históricamente determinada. La plusvalía no puede provenir de la circulación de mercancías, pues esta solo conoce el intercambio de equivalentes; tampoco puede provenir de un aumento de los precios, pues las pérdidas y las ganancias recíprocas de vendedores y compradores se equi-

---

[25] K. Marx, *El capital*, t. I, cap. IV, § 3.

librarían; se trata de un fenómeno social medio, generalizado, y no de un fenómeno individual. Para obtener la plusvalía, «el poseedor de dinero necesita encontrar en el mercado una mercancía cuyo valor de uso posea la singular propiedad de ser fuente de valor»[26], una mercancía cuyo proceso de consumo sea, a la par, proceso de creación de valor. Y esta mercancía existe: es la fuerza del trabajo del hombre. Su uso es el trabajo, y el trabajo crea valor. El poseedor de dinero compra la fuerza de trabajo por su valor, determinado, como el de cualquier otra mercancía, por el tiempo de trabajo socialmente necesario para su producción (es decir, por el coste del mantenimiento del obrero y su familia). Una vez ha comprado la fuerza de trabajo, el poseedor del dinero tiene el derecho de consumirla, es decir, de obligarla a trabajar durante un día entero, supongamos que durante doce horas. Pero el obrero crea en seis horas (tiempo de trabajo «necesario») un producto que basta para su mantenimiento; durante las seis horas restantes (tiempo de trabajo «suplementario») engendra un «plusproducto» no retribuido por el capitalista, que es la plusvalía. Por consiguiente, desde el punto de vista del proceso de producción, en el capital hay que distinguir dos partes: el capital constante, invertido en medios de producción (máquinas, instrumentos de trabajo, materias primas, etc.) –y cuyo valor pasa sin cambios (de una vez o en parte) al producto elaborado–, y el capital variable, que es el que se invierte en pagar la fuerza de trabajo. El valor de este capital no permanece inalterable, sino que aumenta en el proceso del trabajo, al crear la plusvalía. Por tanto, para expresar el grado de explotación de la fuerza de trabajo por el capital, tenemos que comparar la plusvalía no con el capital total, sino con el capital variable exclusi-

---

[26] *Ibid.*

vamente. La cuota de plusvalía, que así llama Marx esta relación, sería, pues, en nuestro ejemplo, de 6/6, es decir, del 100%,

Es premisa histórica para la aparición del capital, en primer lugar, la acumulación de determinada suma de dinero en manos de ciertas personas, con un nivel de desarrollo relativamente alto de la producción mercantil en general; y, segundo, la existencia de obreros «libres» en un doble sentido –libres de todas las trabas o restricciones puestas a la venta de la fuerza de trabajo, y libres por carecer de tierra y de toda clase de medios de producción–, de obreros sin hacienda alguna, de obreros «proletarios» que no pueden subsistir más que vendiendo su fuerza de trabajo.

Hay dos modos fundamentales de aumentar la plusvalía: prolongando la jornada de trabajo («plusvalía absoluta») y reduciendo el tiempo de trabajo necesario («plusvalía relativa»). Al analizar el primer modo, Marx hace desfilar ante nosotros el grandioso panorama de la lucha de la clase obrera para reducir la jornada de trabajo y de la intervención del poder público, primero para prolongarla (siglos XIV a XVII) y luego para reducirla (legislación fabril del siglo XIX). La historia del movimiento obrero en todos los países civilizados ha proporcionado, desde la aparición de *El capital,* miles y miles de nuevos datos que ilustran este panorama.

En su análisis de la producción de la plusvalía relativa, Marx investiga las tres etapas históricas fundamentales en el proceso de intensificación de la productividad del trabajo por el capitalismo: 1) la cooperación simple; 2) la división del trabajo y la manufactura; 3) las máquinas y la gran industria. Con qué profundidad pone Marx de relieve los rasgos fundamentales y típicos del desarrollo del capitalismo nos lo dice, entre otras cosas, el hecho de que el estudio de la llamada industria de los «kustares» rusa ha aportado abundantísimos materiales para ilustrar las dos primeras etapas de las tres señaladas. En cuanto a la acción revolucionadora de la gran industria mecanizada, descrita por Marx en 1867, en el medio siglo transcurrido desde entonces ha venido a revelarse en toda una serie de países «nuevos» (Rusia, Japón, etcétera).

Continuemos. Importante en el más alto grado y nuevo en Marx es el análisis de la acumulación del capital, es decir, de la transformación en capital de una parte de la plusvalía y de su empleo no para satisfacer las necesidades personales o los caprichos del capitalista, sino para volver a producir. Marx hace ver el error de toda la economía política clásica anterior (desde Adam Smith) al entender que toda la plusvalía que se convertía en capital pasaba a formar parte del capital variable, cuando en realidad se descompone en *medios de producción* más capital variable. Tiene excepcional importancia en el proceso de desarrollo del capitalismo y de su transformación en socialismo el crecimiento más rápido de la parte del capital constante (en la suma total del capital) con relación a la parte de capital variable.

Al acelerar el desplazamiento de los obreros por la maquinaria, produciendo en uno de los polos riquezas y en el otro polo miseria, la acumulación del capital origina también el llamado «ejército de reserva del trabajo», el «excedente relativo» de obreros o «superpoblación capitalista», que reviste formas extraordinariamente diversas y permite al capital ampliar con singular rapidez la producción. Esta posibilidad, combinada con el crédito y la acumulación de capital en medios de producción, nos da, entre otras cosas, la clave para comprender las *crisis* de superproducción, que se suceden periódicamente en los países capitalistas, primero cada diez años, poco más o menos, y luego con intervalos mayores y menos precisos. De la acumulación del capital sobre la base del capitalismo hay que distinguir la llamada acumulación primitiva, cuando se desposee violentamente al trabajador de sus medios de producción, se expulsa al campesino de su tierra, se roban los terrenos comunales y rigen el sistema colonial y el sistema de las deudas públicas, de los aranceles aduaneros, proteccionistas, etc. La «acumulación primitiva» crea en un polo el proletario «libre» y en el contrario el poseedor del dinero, el capitalista.

Marx caracteriza en los célebres términos siguientes la *«tendencia histórica de la acumulación capitalista»*: «La expropiación de los productores directos se lleva a cabo con el más despiadado vandalismo y con el acicate de las pasiones más infames, más ruines y más mezquinas y odiosas. La propiedad privada, ganada con el trabajo personal» del campesino y del artesano, «y que el individuo libre ha creado identificándose en cierto modo con los instrumentos y las condiciones de su trabajo, cede el sitio a la propiedad privada capitalista, que descansa en la explotación del trabajo ajeno y que no tiene más que una apariencia de libertad [...]. Ahora no se trata ya de expropiar al obrero que explota él mismo su hacienda, sino al capitalista, que explota a muchos obreros. Esa expropiación se opera por el juego de las leyes inmanentes de la propia producción capitalista, por la centralización de capitales. Un capitalista mata a muchos otros. Y a la par, con esta centralización o expropiación de muchos capitalistas por unos cuantos, se desarrolla, en escala cada vez mayor y más amplia, la forma cooperativa del proceso del trabajo, se desarrolla la aplicación consciente de la ciencia a la técnica, la explotación sistemática del suelo, la transformación de los medios de trabajo en unos medios que no pueden utilizarse más que en común, las economías de todos los medios de producción mediante su utilización como medios de producción de un trabajo social combinado, la incorporación de todos los pueblos a la red del mercado mundial, y, junto a ello, el carácter internacional del régimen capitalista. A medida que disminuye constantemente el número de los magnates del capital, que usurpan y monopolizan todas las ventajas de este proceso de transformación, aumenta en su conjunto la miseria, la opresión, la esclavitud, la degeneración, la explotación; pero también aumenta, al propio tiempo, la rebeldía de la clase obrera, que es instruida, unida y organizada por el mecanismo del propio proceso de producción capitalista. El monopolio del capital se convierte en grillete del modo de producción que se había desarrollado con él y gracias a él. La centralización de los medios de producción y la socialización del trabajo llegan a un punto en que se hacen incompatibles con su envoltura capitalista, que termina por estallar. Suena la última hora de la propiedad privada capitalista. Los expropiadores son expropiados» (*El capital,* t. I)[27].

Otro punto extraordinariamente importante y nuevo es el análisis que Marx hace de la reproducción del capital social tomado en su conjunto, en el tomo II de *El capital.* También en este caso, Marx toma un fenómeno general, y no individual; toma toda la economía social en su conjunto, y no una fracción de ella. Rectificando el error de los clásicos a que nos referíamos más arriba, Marx divide toda la producción social en dos grandes secciones: 1) producción de medios de producción, y 2) producción de artículos de consumo. Y con el apoyo de cifras, estudia detalladamente la circulación del capital social en su conjunto, tanto en la reproducción simple, como en la acumulación. En el tomo III de *El capital,* se resuelve, sobre la base de la ley del valor, el problema de la formación de la *cuota media de ganancia.*

---

27 K. Marx, *El capital,* t. I, cap. XXIV, § 7.

Es un gran progreso en la ciencia económica el que Marx parta siempre, en sus investigaciones, de los fenómenos económicos generales, del conjunto de la economía social, y no de casos sueltos o de las manifestaciones superficiales de la competencia, a los que suele limitarse la economía política vulgar o la moderna «teoría de la utilidad límite»[28]. Marx analiza primero el origen de la plusvalía y luego pasa ya a su descomposición en ganancia, interés y renta del suelo. La ganancia es la relación que guarda la plusvalía con todo el capital invertido en una empresa. El capital de «alta composición orgánica» (es decir, en el que el capital constante predomina sobre el capital variable en proporciones superiores a la media social) da una cuota de ganancia inferior a la media. El capital de «baja composición orgánica» rinde una cuota de ganancia superior a la media. La competencia entre los capitales, su paso libre de unas ramas de producción a otras, reducen en ambos casos a la media la cuota de ganancia. La suma de los valores de todas las mercancías de una sociedad determinada coincide con la suma de precios de estas mercancías, pero en las distintas empresas y en las distintas ramas de producción las mercancías, bajo la presión de la competencia, no se venden por su valor, sino por

---

[28] La teoría de la *«utilidad límite»* la promovió a finales del siglo XIX la llamada escuela austriaca en contraposición a la teoría marxista del valor por el trabajo. Dicha escuela constituía una variedad de la economía política vulgar, pero, a diferencia de algunos representantes de esta última, determinaba el valor de la mercancía no simplemente por su utilidad, sino por la utilidad de la última (límite) unidad de reserva de dicha mercancía, la cual satisface la necesidad menos apremiante del hombre. La esencia de la teoría de la «utilidad máxima», así como de todo el conjunto de las tesis económicas y filosóficas de la escuela austriaca, consiste en la tendencia a velar la naturaleza de la explotación en el capitalismo.

el *precio de producción,* que equivale al capital invertido más la ganancia media.

Así pues, un hecho conocido por todos e indiscutible –que los precios difieren de los valores y las ganancias se compensan unas con otras–, Marx lo explica perfectamente partiendo de la ley del valor, pues la suma de los valores de todas las mercancías coincide con la suma de sus precios. Pero la reducción del valor (social) a los precios (individuales) no es una operación simple y directa, sino que sigue un camino muy complicado: es perfectamente lógico que en una sociedad de productores de mercancías dispersos, ligados únicamente por el mercado, las leyes que rigen esa sociedad se manifiesten forzosamente a través de resultados medios, sociales, generales, con una compensación recíproca de las desviaciones individuales en uno u otro sentido.

La elevación de la productividad del trabajo significa un crecimiento más rápido del capital constante con relación al capital variable. Pero, como la plusvalía es función privativa de este, se comprende que la cuota de ganancia (o sea, la relación que la plusvalía guarda con todo el capital, y no con su parte variable solamente) acuse una tendencia a la baja. Marx analiza detenidamente esta tendencia, así como las diversas circunstancias que la ocultan o la contrarrestan. Sin detenernos a exponer los capítulos, extraordinariamente interesantes del tomo III, que tratan del capital usurario, comercial y en dinero, pasamos a lo esencial, a la teoría de la *renta del suelo.* Teniendo en cuenta que la superficie del suelo está limitada, puesto que en los países capitalistas lo ocupan enteramente propiedades particulares, el precio de producción de los productos de la tierra no lo determinan los gastos de producción en los terrenos de calidad media, sino en los de calidad inferior; no lo determinan las condiciones medias en que el producto se lleva al mercado, sino las condiciones peores. La diferencia existente entre este precio y el precio de producción en terrenos mejores (o en mejores condiciones) constituye la renta *diferencial.* Marx analiza en detalle la renta diferencial, demostrando que proviene de la diferencia de fertilidad de los distintos campos, de la diferencia de los capitales invertidos en el cultivo, poniendo totalmente de relieve (véase también las *Teorías de la plusvalía,* donde merece especial atención la crítica de Rodbertus) el error de Ricardo, de que la renta diferencial no se obtiene más que por el paso sucesivo de terrenos mejores a otros de calidad inferior. Por el contrario, se dan también casos inversos: los terrenos de una clase determinada se transforman en tierras de otra clase (gracias a los progresos de la técnica agrícola, a la expansión de las ciudades, etc.), y la decantada «ley del rendimiento decreciente del suelo» es un profundo error, que carga sobre la naturaleza los defectos, las limitaciones y las contradicciones del capitalismo. Además, la igualdad de ganancias en todas las ramas de la industria y de la economía nacional en general, supone completa libertad de competencia, la libertad de transferir los capitales de una rama a otra de la producción. Pero la propiedad privada del suelo crea un monopolio, que es un obstáculo para esa transferencia libre. En virtud de este monopolio, los productos de una agricultura que se distingue por una baja composición del capital y, consiguientemente, da una cuota de ganancia individual más alta, no entran en el juego totalmente libre de igualación de las cuotas de ganancia. El propietario agrícola puede, en calidad de monopolista, mantener sus precios por encima del medio; este precio de monopolio origina la *renta absoluta.* La renta diferencial no puede ser abolida dentro del capitalismo; en cambio, la renta absoluta *puede serlo,* por ejemplo, con la nacionalización de la tierra, cuando esta se hace propiedad del Estado. Esta medida significaría el quebrantamiento del monopolio de los propietarios agrícolas, una aplicación más consecuente y más completa de la libertad de competencia en la agricultura. Por eso, advierte Marx, los burgueses radicales han formulado repetidas veces a lo largo de la historia esta reivindicación burguesa progresiva de nacionalización de la tierra, que, sin embargo, asusta a la mayoría de los burgueses, porque «toca» demasiado cerca a otro monopolio mucho más importante y «sensible» en nuestros días: el monopolio de los medios de producción en general. (Marx expone en un lenguaje extraordinariamente popular, conciso y claro su teoría de la ganancia media sobre el capital y de la renta absoluta del suelo, en su carta a Engels del 2 de agosto de 1862. Véase *Correspondencia,* t. III, pp. 77-81. Véase también, en la misma obra, pp. 86-87, la carta del 9 de agosto de 1862). En la historia de la renta del suelo es también importante señalar el análisis en que Marx demuestra la transformación de la renta de trabajo (cuando el campesino crea el plusproducto trabajando en la tierra del amo) en renta natural o renta en especie (cuando el campesino crea el plusproducto en su propia tierra, entregándolo luego al amo por el imperio de la «coerción no económica»), después en renta en dinero (que es la misma renta en especie, solo que redimida a metálico, el «obrok» de la antigua Rusia, en virtud del desarrollo de la producción de mercancías) y, por último, en renta capitalista, en que el campesino deja el puesto al patrono, que cultiva la tierra con ayuda del trabajo asalariado. En relación con este análisis de la «génesis de la renta capitalista del suelo», hay que señalar una serie de profundas ideas de Marx (de particular importancia para los países atrasados, como Rusia) acerca de la evolución del capitalismo en la agricultura. «La transformación de la renta natural en renta en dinero no solo es acom-

pañada invariablemente por la formación de la clase de jor-
naleros pobres, que se contratan por dinero: esta la precede
incluso. En el curso del periodo de su formación, cuando
esta nueva clase aparece solo esporádicamente, entre los
campesinos más acomodados, obligados a pagar el censo, va
extendiéndose, como es lógico, la costumbre de explotar
por su cuenta a obreros asalariados rurales, del mismo modo
que ya bajo el feudalismo los siervos de la gleba acomodados tenían a su vez siervos a su servicio. De esta manera, se
va formando en ellos, poco a poco, la posibilidad de acu-
mular cierta fortuna y de transformarse en futuros capitalistas. Entre los cultivadores antiguos de tierra propia surge de
ese modo un foco de arrendatarios capitalistas, cuyo desarrollo depende del desarrollo general de la producción capitalista fuera de la agricultura» (*El capital,* t. III, p. 332)[29].
«La expropiación y la expulsión de la aldea de una parte de
la población campesina no solo "liberan" para el capital industrial a los obreros, sus medios de vida y sus instrumentos
de trabajo, sino que le crean también el mercado interior»
(*El capital,* t. I, p. 778)[30]. La depauperación y la ruina de la
población campesina influyen, a su vez, en la formación del
ejército de reserva de obreros para el capital. En todo país
capitalista, «una parte de la población campesina se encuentra constantemente en trance de transformarse en población urbana o manufacturera (es decir, no agrícola). Esta
fuente de superpoblación relativa corre sin cesar […]. El
obrero del campo se ve, por consiguiente, reducido al salario mínimo y tiene siempre un pie en el pantano del paupe-
rismo» (*El capital,* t. I, p. 668)[31]. La propiedad privada del

---

[29] K. Marx, *El capital,* t. III, cap. XLVII, § 4.
[30] *Ibid.,* t. I, cap. XXIV, § 5.
[31] *Ibid.,* t. I, cap. XXIII, § 4.

campesino sobre la tierra que cultiva es la base de la pequeña producción y la condición de su florecimiento y su desarrollo en la forma clásica. Pero esa pequeña producción solo
es compatible con un marco estrecho, primitivo, de la producción y de la sociedad. Bajo el capitalismo, «la explotación de los campesinos se distingue de la explotación del
proletariado industrial solo por la forma. El explotador es el
mismo: el capital. Indudablemente, los capitalistas explotan
a los campesinos por medio de la hipoteca y de la usura; la
clase capitalista explota a la clase campesina por medio de
los impuestos del Estado» *(Las luchas de clases en Francia)*[32].
«La parcela del campesino solo es ya el pretexto que permite
al capitalista sacar de la tierra ganancia, intereses y renta,
dejando al agricultor que se las arregle para sacar como pueda su salario» *(El 18 Brumario)*[33]. Ordinariamente, el campesino cede incluso a la sociedad capitalista, es decir, a la
clase capitalista, una parte de su salario, descendiendo «al
nivel del colono irlandés, y todo bajo el aspecto de propietario privado» *(Las luchas de clases en Francia)*[34]. ¿Cuál es
«una de las causas de que en países donde predomina la
propiedad parcelaria el precio del trigo esté más bajo que en
los países donde hay modo capitalista de producción»? *(El
capital,* t. III, p. 340). La causa es que el campesino entrega
gratuitamente a la sociedad (es decir, a la clase capitalista)
una parte del plusproducto. «Estos bajos precios (del trigo y
de los demás productos agrícolas) son, por tanto, consecuencia de la pobreza de los productores y en ningún caso
resultado de la productividad de su trabajo» *(El capital,* t.
III, p. 340). Con el capitalismo, la pequeña propiedad agra-

---

[32] K. Marx y F. Engels, *Obras Escogidas,* t. I, p. 203.
[33] *Ibid.,* p. 202.
[34] Véase *ibid.*

ria, forma normal de la pequeña producción, se va degra-
dando, es destruida y desaparece. «La propiedad parcelaria
es, por naturaleza, incompatible con el desarrollo de las
fuerzas productivas sociales del trabajo, con las formas sociales del trabajo, con la concentración social de los capitales, con la ganadería en gran escala y con la utilización progresiva de la ciencia. La usura y el sistema fiscal tienen
necesariamente que arruinarla en todas partes. El capital
invertido en la compra de la tierra es capital sustraído al
cultivo. Dispersión infinita de los medios de producción y
diseminación de los productores mismos». (Las cooperativas, es decir, las asociaciones de pequeños campesinos, de-
sempeñan un extraordinario papel progresivo burgués, pero
no pueden sino atenuar esta tendencia, sin llegar a suprimirla; además, no debe olvidarse que estas cooperativas
muy convenientes para los campesinos acomodados, dan muy
poco, casi nada, a la masa de los campesinos pobres, y que
esas asociaciones terminan por explotar ellas mismas el trabajo asalariado). «Inmenso derroche de energía humana. El
empeoramiento progresivo de las condiciones de producción y el encarecimiento de los medios de producción son
ley de la propiedad parcelaria»[35]. En la agricultura, lo mismo que en la industria, la transformación capitalista del régimen de producción se produce al precio del «martirologio
de los productores». «La diseminación de los obreros del
campo en grandes extensiones quebranta su fuerza de resistencia, mientras que la concentración de los obreros de la
ciudad la aumenta. Lo mismo que en la industria moderna,
en la agricultura moderna, capitalista, el aumento de la
fuerza productiva del trabajo y su mayor movilidad se con-
siguen a costa de destruir y agotar la propia fuerza de traba-

---

[35] K. Marx, *El capital*, t. III, cap. XLVII, § V.

jo. Fuera de ello, todo progreso de la agricultura capitalista no es solo un progreso del arte de esquilmar al obrero, sino también del arte de esquilmar el suelo […]. Por lo tanto, la producción capitalista no desarrolla la técnica y la combinación del proceso social de producción más que socavando a la vez las fuentes de toda riqueza: la tierra y el obrero» (*El capital,* t. I, final del cap. 13).

El socialismo

Por lo expuesto se ve cómo Marx llega a la conclusión de que es inevitable la transformación de la sociedad capitalista en socialista, apoyándose única y exclusivamente en la ley económica del movimiento de la sociedad moderna. La socialización del trabajo, que avanza cada vez más deprisa bajo miles de formas, y que en el medio siglo transcurrido desde la muerte de Marx se manifiesta de un modo muy tangible en el incremento de la gran producción de los *cartels,* los sindicatos y los *trusts* capitalistas, y en el gigantesco crecimiento del volumen y la potencia del capital financiero, es la base material más importante del ineluctable advenimiento del socialismo. El motor intelectual y moral, el agente físico de esta transformación es el proletariado, formado por el propio capitalismo. Su lucha con la burguesía, que se manifiesta en las formas más diversas y cada vez más ricas de contenido, llega a convertirse inevitablemente en lucha política para la conquista del poder político por el proletariado («dictadura del proletariado»). La socialización de la producción no puede por menos de conducir a la conversión de los medios de producción en propiedad social, a la «expropiación de los expropiadores». La elevación gigantesca de la productividad del trabajo, la reducción de la jornada de trabajo y la sustitución de los vestigios, de las ruinas de la pequeña explotación, primitiva y diseminada, por el trabajo colectivo perfeccionado son las consecuencias directas de esa conversión. El capitalismo rompe definitivamente los vínculos de la agricultura con la industria, pero, al mismo tiempo, con la culminación de su desarrollo, prepara nuevos elementos de esos vínculos, de la unión de la industria con la agricultura, sobre la base de la aplicación consciente de la ciencia y de la combinación del trabajo colectivo y de un nuevo reparto territorial de la población (poniendo fin al abandono del campo, a su aislamiento del mundo y al atraso de la población campesina, así como a la antinatural aglomeración de masas gigantescas en las grandes ciudades). Las formas superiores del capitalismo moderno preparan una nueva forma de familia, nuevas condiciones para la mujer y para la educación de las nuevas generaciones: el trabajo de la mujer y del niño, y la disgregación de la familia patriarcal por el capitalismo revisten inevitablemente en la sociedad moderna las formas más horribles, más miserables y más repulsivas. No obstante, «la gran industria, al asignar a la mujer, a los jóvenes y a los niños de ambos sexos un papel decisivo en el proceso socialmente organizado de producción, al margen de la esfera doméstica, crea la base económica para una forma más alta de familia y de relaciones entre ambos sexos. Sería igualmente absurdo, se comprende, ver el tipo absoluto de la familia en la forma cristiano-germánica o en las antiguas formas romana y griega o la oriental, que, por lo demás, constituyen en su conjunto una sola línea de desarrollo histórico. Evidentemente, la combinación del personal obrero formado por individuos de ambos sexos y de todas las edades –que en su forma primaria, brutal, capitalista, en que el obrero existe para el proceso de producción y no el proceso de producción para el obrero, es una fuente pestilente de ruina y esclavitud–, en condiciones adecuadas debe convertirse inevitablemente, al contrario, en fuente del progreso humano» *(El capital,* t. I, final del cap. 13). El sistema fabril nos muestra «el germen de la educación de épocas futuras, en que para todos los niños, a partir de cierta edad, se unirá el trabajo productivo a la enseñanza y a la gimnasia, no solo como método para el aumento de la producción social, sino como el único método capaz de producir hombres desarrollados en todos los aspectos» *(ibid.).* Sobre esa misma base histórica plantea el socialismo de Marx los problemas de la nacionalidad y del Estado, no limitándose a explicar el pasado, sino en el sentido de prever sin temor el porvenir y de una atrevida actuación práctica para su realización. Las naciones son un producto inevitable y una forma inevitable de la época burguesa de desarrollo de la sociedad. Y la clase obrera no podía fortalecerse, madurar y formarse, sin «organizarse en los límites de la nación», sin ser «nacional» («aunque de ninguna manera en el sentido burgués»). Pero el desenvolvimiento del capitalismo va destruyendo cada vez más barreras nacionales, acaba con el aislamiento nacional y sustituye los antagonismos nacionales por antagonismos de clase. Por eso, es una verdad innegable que en los países de capitalismo avanzado «los obreros no tienen patria» y que «la acción común» de los obreros, al menos en los países civilizados, «es una de las primeras condiciones de su emancipación» *(Manifiesto comunista)*[36]. El Estado, la violencia organizada, surgió como algo inevitable en una determinada fase de desenvolvimiento de la sociedad, cuando esta, dividida en clases irreconciliables, no hubiera podido seguir existiendo sin un «poder» colocado aparentemente por encima de ella y

---

[36] Véase K. Marx y F. Engels, *Obras Escogidas,* t. I, pp. 36, 37.

diferenciado, hasta cierto punto, de ella. El Estado, fruto de los antagonismos de clase, se convierte en un «Estado de la clase más poderosa, de la clase económicamente dominante, que, con ayuda de él, se convierte también en la clase políticamente dominante, adquiriendo con ello nuevos medios para la represión y la explotación de la clase oprimida. Así, el Estado antiguo era, ante todo, el Estado de los esclavistas para tener sometidos a los esclavos; el Estado feudal era el órgano de que se valía la nobleza para tener sujetos a los campesinos siervos, y el moderno Estado representativo es el instrumento del que se sirve el capital para explotar el trabajo asalariado» (Engels, *El origen de la familia, la propiedad privada y el Estado,* obra en que el autor expone sus ideas y las de Marx)[37]. Incluso la forma más libre y más progresiva del Estado burgués, la república democrática, no elimina, ni mucho menos, este hecho; lo único que hace es variar su forma (vínculos del Gobierno con la Bolsa, corrupción –directa e indirecta– de los funcionarios y de la prensa, etc.). El socialismo, que conduce a la supresión de las clases, conduce de este modo a la abolición del Estado. «El primer acto –escribe Engels en su *Anti-Dühring*– en que el Estado actúa efectivamente como representante de toda la sociedad –la expropiación de los medios de producción en nombre de toda la sociedad– es a la par su último acto independiente como Estado. La intervención del poder del Estado en las relaciones sociales se hará superflua en un campo tras otro de la vida social y se adormecerá por sí misma. El gobierno de las personas es sustituido por la administración de las cosas y la dirección del proceso de producción. El Estado no será "abolido", "se extingue"». «La sociedad, reorganizando de un modo nuevo la producción sobre la

---

[37] Véase *ibid.,* t. II, pp. 320, 321.

base de una asociación libre de productores iguales, enviará toda la máquina del Estado al lugar que entonces le ha de corresponder: al museo de las antigüedades, junto a la rueca y al hacha de bronce» (Engels, *El origen de la familia, la propiedad privada y el Estado*)[38].

Finalmente, en lo que se refiere a la actitud que el socialismo de Marx adopta con respecto a los pequeños campesinos, que subsistirán en la época de la expropiación de los expropiadores, es necesario señalar un pasaje de Engels, en que se recogen las ideas de Marx: «Cuando estemos en posesión del poder del Estado, no podremos pensar en expropiar violentamente a los pequeños campesinos (sea con indemnización o sin ella) como nos veremos obligados a hacerlo con los grandes terratenientes. Nuestra misión respecto a los pequeños campesinos consistirá ante todo en encauzar su producción individual y su propiedad privada hacia un régimen cooperativo, no por la fuerza, sino por el ejemplo, y brindando la ayuda social para este fin. Y aquí tendremos, ciertamente, medios sobrados para presentar al pequeño campesino la perspectiva de ventajas que ya hoy tienen que serle mostradas» (Engels, *El problema campesino en Francia y en Alemania,* ed. Alexéieva, p. 17; la trad. rusa contiene errores. Véase el original en *Die Neue Zeit*)[39].

La táctica de la lucha de clase del proletariado

Después de poner al descubierto, ya en 1844-1845, uno de los defectos fundamentales del antiguo materialismo, consistente en que no comprendía las condiciones ni apre-

---

[38] *Ibid.,* p. 318.
[39] *Ibid.,* p. 423.

ciaba la importancia de la acción revolucionaria práctica, Marx consagra durante toda su vida, paralelamente a los problemas teóricos, una intensa atención a las cuestiones de táctica de la lucha de clase del proletariado. *Todas* las obras de Marx, y, en particular, los cuatro volúmenes de su correspondencia con Engels, publicados en 1913, nos ofrecen a este respecto una documentación valiosísima. Esta correspondencia está todavía muy lejos de haber sido debidamente clasificada, sistematizada, estudiada y ordenada. Por eso, hemos de limitarnos forzosamente aquí a las observaciones más generales y más breves, subrayando que, para Marx, el materialismo despojado de *este* aspecto era, y con razón, un materialismo a medias, unilateral, sin vida. Marx determinó la tarea esencial de la táctica del proletariado en su rigurosa correspondencia con todas las premisas de su concepción materialista y dialéctica del mundo. Solo considerando objetivamente el conjunto de las relaciones mutuas de todas las clases, sin excepción, que forman una sociedad dada, y considerando, por tanto, el grado objetivo de desarrollo de esta sociedad y sus relaciones con otras sociedades, podemos tener una base que nos permita trazar la táctica acertada de la clase de vanguardia. A este respecto, todas las clases y todos los países no son estudiados de un modo estático, sino dinámico, es decir, no en estado de inmovilidad, sino en movimiento (movimiento cuyas leyes emanan de las condiciones económicas de vida de cada clase). El movimiento es a su vez enfocado no solamente desde el punto de vista del pasado, sino también del porvenir, y, además, no con el criterio vulgar de los «evolucionistas», que no perciben más que cambios lentos, sino dialécticamente: «En los grandes procesos históricos, veinte años son igual a un día –escribía Marx a Engels–, si bien luego pueden venir días en que se condensen veinte años» (*Corresponden-*

cia[40], t. III, p. 127). La táctica del proletariado debe tener en cuenta, en cada grado de su desarrollo, en cada momento, esta dialéctica objetivamente inevitable de la historia humana; de una parte, utilizando las épocas de estancamiento político o de la llamada evolución «pacífica», que marcha a paso de tortuga, para desarrollar la conciencia, la fuerza y la capacidad combativa de la clase avanzada; y, de otra parte, encauzando toda esta labor de utilización hacia la «meta final» del movimiento de esta clase, capacitándola para resolver prácticamente las grandes tareas al llegar los grandes días «en que se condensen veinte años». Dos consideraciones de Marx tienen en este punto particular importancia: una, de la *Miseria de la Filosofía,* se refiere a la lucha económica y a las organizaciones económicas del proletariado; la otra pertenece al *Manifiesto comunista* y se refiere a sus tareas políticas. El primer pasaje dice así: «La gran industria concentra en un solo lugar una multitud de personas, desconocidas las unas de las otras. La competencia divide sus intereses. Pero la defensa de los salarios, este interés común frente a su patrono, los une en una idea común de resistencia, de coalición [...]. Las coaliciones, al principio aisladas, se constituyen en grupos y, enfrente del capital siempre unido, el mantener la asociación viene a ser para ellos más importante que la defensa de los salarios... En esta lucha –verdadera guerra civil– se van uniendo y desarrollando todos los elementos necesarios para la batalla futura. Al llegar a este punto, la coalición adquiere un carácter político». Ante nosotros tenemos el programa y la táctica de la lucha económica y del movimiento sindical de varios decenios, de toda la larga época durante la cual el proletariado prepara sus fuerzas «para la batalla futura».

---

[40] Véase la carta de K. Marx a F. Engels del 9 de abril de 1863.

Hace falta comparar esto con los numerosos ejemplos de Marx y Engels, sacados del movimiento obrero inglés, de cómo la «prosperidad» industrial suscita tentativas de «comprar a los obreros» (*Correspondencia con Engels*[41] I, 136) y de apartarlos de la lucha; de cómo esta prosperidad en general «desmoraliza a los obreros» (II, 218)[42]; de cómo el proletariado inglés «se aburguesa»; de cómo «la nación más burguesa de todas» (Inglaterra) «parece que quisiera llegar a tener junto a la burguesía una aristocracia burguesa y un proletariado burgués» (II, 290)[43]; de cómo desaparece en él la «energía revolucionaria»[44] (III, 124); de cómo habrá que esperar más o menos tiempo hasta que «los obreros ingleses se desembaracen de su aparente contaminación burguesa» (III, 127)[45]; de cómo al movimiento obrero inglés le falta «el ardor de los cartistas» (III, 305)[46]; de cómo los líderes de los obreros ingleses se transforman en un tipo intermedio «entre el burgués radical y el obrero» (dicho refiriéndose a Holyoake, IV, 209)[47]; de cómo, en virtud del monopolio de Inglaterra y mientras ese monopolio subsista, «no había nada que hacer con el obrero inglés» (IV, 433)[48]. La táctica de la lucha económica en relación con la marcha general (y con el resultado) del movimiento obrero, se examina aquí desde un punto de vista admirablemente amplio, universal, dialéctico, verdaderamente revolucionario.

---

[41] Véase la carta de F. Engels a K. Marx del 5 de febrero de 1851.
[42] Véase la carta de F. Engels a K. Marx del 17 de diciembre de 1857.
[43] Véase la carta de F. Engels a K. Marx del 7 de octubre de 1858.
[44] Véase la carta de F. Engels a K. Marx del 8 de abril de 1863.
[45] Véase la carta de K. Marx a F. Engels del 9 de abril de 1863.
[46] Véase la carta de K. Marx a F. Engels del 2 de abril de 1866.
[47] Véase la carta de F. Engels a K. Marx del 19 de noviembre de 1869.
[48] Véase la carta de F. Engels a K. Marx del 11 de agosto de 1881.

El *Manifiesto comunista* establece el siguiente principio del marxismo, como postulado de táctica de la lucha política: «Los comunistas luchan por alcanzar los objetivos e intereses inmediatos de la clase obrera; pero, al mismo tiempo, defienden también, dentro del movimiento actual, el porvenir de este movimiento». Por eso, Marx apoyó en 1848, en Polonia, al partido de la «revolución agraria», «el partido que hizo en 1846 la insurrección de Cracovia»[49]. En Alemania, Marx apoyó en 1848 y 1849 a la democracia revolucionaria extrema, sin que jamás se retractara de lo que entonces dijo sobre táctica. Para él, la burguesía alemana era un elemento «inclinado desde el primer instante a traicionar al pueblo» (solo la alianza con los campesinos hubiera puesto a la burguesía en condiciones de alcanzar enteramente sus objetivos) «y a pactar un compromiso con los representantes coronados de la vieja sociedad». He aquí el análisis final de Marx acerca de la posición de clase de la burguesía alemana en la época de la revolución democrático-burguesa. Este análisis es, entre otras cosas, un modelo del materialismo que considera a la sociedad en movimiento y, por cierto, no toma solamente el lado del movimiento que mira *hacia atrás:* «sin fe en sí misma y sin fe en el pueblo; gruñendo contra los de arriba y temblando ante los de abajo; [...] empavorecida ante la tormenta mundial; jamás con energía y

---

[49] Se alude a la sublevación democrática nacional-liberadora en la República de Cracovia, sometida desde 1815 al control conjunto de Austria, Prusia y Rusia. En el curso de la sublevación, los insurrectos crearon un Gobierno nacional, el cual lanzó un manifiesto sobre la abolición de las cargas feudales y prometió entregar la tierra en propiedad a los campesinos sin indemnización. En otros llamamientos, el Gobierno anunció la fundación de talleres nacionales, la subida de los salarios en los mismos y el establecimiento de la igualdad civil. Sin embargo, poco tiempo después la sublevación fue sofocada.

siempre con plagio; [...] sin iniciativa; [...] un viejo maldito condenado, en su propio interés senil, a guiar los primeros impulsos juveniles de un pueblo robusto» (*Nueva Gaceta Rebaba,* 1848; véase *Herencia literaria,* t. III, p. 212)[50]. Unos veinte años más tarde, Marx decía en una carta a Engels (III, 224) que la causa del fracaso de la Revolución de 1848 fue que la burguesía había preferido la paz en la esclavitud a la sola perspectiva de lucha por la libertad. Al terminar la época revolucionaria de 1848-1849, se levantó contra los que se obstinaban en seguir jugando a la revolución (lucha contra Schapper y Willich), sosteniendo que era necesario saber trabajar en la época nueva, en la fase que iba a preparar, bajo una «paz» aparente, nuevas revoluciones. La siguiente apreciación de la situación de Alemania en los tiempos de la más negra reacción, en 1856, muestra en qué sentido pedía Marx que se encauzase esta labor: «En Alemania todo dependerá de la posibilidad de respaldar la revolución proletaria con alguna segunda edición de la guerra campesina» (*Correspondencia con Engels,* II, 108)[51]. Mientras en Alemania no estuvo terminada la revolución democrática (burguesa), Marx concentró toda la atención, en lo que se refiere a la táctica del proletariado socialista, en impulsar la energía democrática de los campesinos. Opinaba que la actitud de Lassalle era, «objetivamente, una traición al movimiento obrero en beneficio de Prusia» (III, 210)[52], entre otras cosas porque se mostraba demasiado complaciente con los terratenientes y el nacionalismo prusiano. «En un país agrario –escribía Engels en 1865, en un cambio de impresiones con Marx a propósito de una proyectada declaración común para la pren-

---

[50] K. Marx, *La burguesía y la contrarrevolución,* cap. II.
[51] Véase la carta de K. Marx a F. Engels del 16 de abril de 1856.
[52] Véase la carta de F. Engels a K. Marx del 27 de enero de 1865.

sa–, es una bajeza alzarse exclusivamente contra la burguesía en nombre del proletariado industrial, sin mencionar para nada la patriarcal "explotación de palo" a que los obreros rurales se ven sometidos por la nobleza feudal» (III, 217)[53]. En el periodo de 1864 a 1870, cuando tocaba a su fin la época de la revolución democrático-burguesa en Alemania, cuando las clases explotadoras de Prusia y Austria disputaban en torno a los medios para terminar esta revolución desde arriba, Marx no se limitó a condenar a Lassalle, por sus coqueterías con Bismarck, sino que corrigió a Liebknecht, quien había caído en la «austrofilia» y defendía el particularismo. Marx exigía una táctica revolucionaria que combatiese tan implacablemente a Bismarck como a los austrófilos, una táctica que no se acomodara al «vencedor», el junker prusiano[54], si no reanudase sin demora la lucha revolucionaria contra él, incluso en el terreno creado por las victorias militares de Prusia (*Correspondencia con Engels,* III, 134, 136, 147, 179, 204, 210, 215, 418, 437, 440-441)[55]. En el famoso mensaje de la Internacional del 9 de septiembre de 1870, Marx ponía en guardia al proletariado francés contra un alzamiento prematuro; pero cuando, a pesar de todo, este se produjo (1871), aclamó con entusiasmo la iniciativa revolucionaria de las masas «que toman el cielo por asalto» (carta de Marx a Kugelmann)[56]. En esta situación, como en

---

[53] Véase la carta de F. Engels a K. Marx del 5 de febrero de 1865.

[54] *Junker:* terrateniente-noble prusiano.

[55] Véanse las cartas de F. Engels a K. Marx del 11 de junio de 1863, del 24 de noviembre de 1863, del 4 de diciembre de 1864, del 27 de enero de 1865, del 22 de octubre de 1867, del 6 de diciembre de 1867, y las cartas de K. Marx a F. Engels del 12 de junio de 1863, del 10 de diciembre de 1864, del 3 de febrero de 1865 y del 17 de diciembre de 1867.

[56] Véase la carta de K. Marx a L. Kugelmann del 12 de abril de 1871, *Obras Escogidas,* t. II, pp. 467-468.

muchas otras, la derrota de la acción revolucionaria era, desde el punto de vista del materialismo dialéctico en que se situaba Marx, un mal menor en la marcha general y en el resultado de la lucha proletaria, que el que hubiera sido el abandono de las posiciones ya conquistadas, la capitulación sin lucha: esta capitulación hubiera desmoralizado al proletariado y mermado su combatividad. Marx, que apreciaba en todo su valor el empleo de los medios legales de lucha en las épocas de estancamiento político y de dominio de la legalidad burguesa, condenó ásperamente, en 1877 y 1878, después de promulgarse la Ley de excepción contra los socialistas[57], las «frases revolucionarias» de un Most; pero combatió con la misma energía, acaso más, el oportunismo que por entonces se había adueñado temporalmente del Partido Socialdemócrata oficial, que no había sabido dar inmediatas pruebas de firmeza, tenacidad, espíritu revolucionario y disposición a pasar a la lucha ilegal en respuesta a la Ley de excepción (*Cartas de Marx a Engels,* IV, 397, 404, 418, 422, 424[58]. Véanse también las cartas a Sorge).

Julio-noviembre de 1914

---

[57] *La Ley de excepción contra los socialistas* fue dictada en Alemania por el Gobierno de Bismarck, en 1878, con el objeto de luchar contra los obreros y el movimiento socialista. Por esta ley fueron prohibidas todas las organizaciones del Partido Socialdemócrata, las organizaciones obreras de masas y la prensa obrera, se confiscaban las publicaciones socialistas; los socialdemócratas eran perseguidos, deportados. En 1890, bajo la presión del creciente movimiento obrero de masas, dicha ley fue abolida.

[58] Véanse las cartas de K. Marx a F. Engels del 23 de julio de 1877, del 1 de agosto de 1877 y del 10 de septiembre de 1879, y las cartas de F. Engels a K. Marx del 20 de agosto de 1879 y del 9 de septiembre de 1879.

Friedrich Engels[1]

¡Qué antorcha intelectual se ha apagado!
¡Qué gran corazón ha dejado de latir![2].

El 5 de agosto de 1895 falleció en Londres Friedrich Engels. Después de su amigo Karl Marx (fallecido en 1883), Engels fue el más notable sabio y maestro del proletariado contemporáneo de todo el mundo civilizado. Desde que el destino vinculó a Karl Marx con Friedrich Engels, la obra a la que ambos amigos consagraron su vida se convirtió en una obra común. Y así, para comprender lo que Friedrich Engels ha hecho por el proletariado, es necesario comprender claramente la importancia de la doctrina y actividad de Marx en pro del desarrollo del movimiento obrero contemporáneo. Marx y Engels fueron los primeros en demostrar que la clase obrera con sus reivindicaciones surge necesariamente del sistema económico actual, que, con la burguesía, crea inevitablemente y organiza al proletariado. Demostraron que la

---

[1] Escrito en 1895, se publicará este artículo en los números 1 y 2 de la revista *Rabótnik* en 1896.

[2] Las palabras citadas en el epígrafe del artículo «Friedrich Engels» las tomó V. I. Lenin de la poesía del poeta ruso Nikolái Alexéievich Nekrásov *En memoria de Dobroliúbov*.

humanidad se verá liberada de las calamidades que la azotan no por los esfuerzos bien intencionados de alguna que otra nobles personalidad, sino por medio de la lucha de clase del proletariado organizado. Marx y Engels fueron los primeros en dejar sentado en sus obras científicas que el socialismo no es una invención de soñadores, sino la meta final y el resultado inevitable del desarrollo de las fuerzas productivas dentro de la sociedad contemporánea. Toda la historia escrita hasta ahora es la historia de la lucha de clases, la sucesión en el dominio y en las victorias de unas clases sociales sobre otras. Y esto ha de continuar hasta que no desaparezcan las bases de la lucha de clases y del dominio de clase: la propiedad privada y la producción social caótica. Los intereses del proletariado exigen que estas bases sean destruidas, por lo que la lucha de clase consciente de los obreros organizados debe ser dirigida contra ellas. Y toda lucha de clases es una lucha política.

Estos conceptos de Marx y de Engels los ha hecho suyos en nuestros días todo el proletariado en lucha por su emancipación. Pero cuando los dos amigos, en la década de 1840, participaban en la literatura socialista y en los movimientos sociales de aquel tiempo, estos puntos de vista eran completamente nuevos. A la sazón había muchos hombres con talento y otros sin él, muchos honrados y otros deshonestos, que, en el ardor de la lucha por la libertad política, en la lucha contra la autocracia de los monarcas, de la policía y del clero, no percibían el antagonismo existente entre los intereses de la burguesía y los del proletariado. Estos hombres ni siquiera admitían la idea de que los obreros actuasen como una fuerza social independiente. Por otra parte, ha habido muchos soñadores, algunas veces geniales, que creían que bastaba tan solo con convencer a los gobernantes y a las clases dominantes de la injusticia del régimen social existente para que resultara fácil implantar en el mundo la paz y el bienestar general. Soñaban con un socialismo que triunfara sin lucha. Finalmente, casi todos los socialistas de aquella época y, en general, los amigos de la clase obrera no veían en el proletariado más que una *llaga* y contemplaban con horror cómo, a la par que crecía la industria, crecía también esta llaga. Por eso todos ellos pensaban en el modo de detener el desarrollo de la industria y del proletariado, de parar «el carro de la historia». Contrariamente al temor general ante el desarrollo del proletariado, Marx y Engels cifraban todas sus esperanzas en el continuo crecimiento numérico de este. Cuantos más proletarios haya, tanto mayor será su fuerza como clase revolucionaria, y tanto más próximo y posible será el socialismo. De expresar en pocas palabras los méritos de Marx y Engels ante la clase obrera, podría decirse que enseñaron a la clase obrera a tener conocimiento y conciencia de sí misma, y sustituyeron los ensueños por la ciencia.

He aquí por qué el nombre y la vida de Engels deben ser conocidos por todo obrero; he aquí el motivo de que insertemos en nuestra recopilación, que –como todo lo que editamos– tiene por objeto despertar la conciencia de clase de los obreros rusos, un esbozo sobre la vida y la actividad de Friedrich Engels, uno de los dos grandes maestros del proletariado contemporáneo.

Engels nació en 1820, en la ciudad de Barmen, provincia renana del reino de Prusia. Su padre era fabricante. En 1838, Engels, por motivos familiares, se vio obligado, antes de terminar el liceo, a colocarse como dependiente en una casa de comercio de Bremen. Este trabajo no le impidió ocuparse de su capacitación científica y política. Siendo todavía alumno del liceo, Engels llegó a odiar la autocracia y la arbitrariedad de los funcionarios gubernamentales. El estudio de la filosofía le llevó aún más lejos. En aquella época, en la filosofía alemana predominaba la doctrina de Hegel, de la que Engels se hizo partidario. A pesar de que el propio Hegel era admirador del Estado autocrático prusiano, a cuyo servicio se hallaba en calidad de profesor de la Universidad de Berlín, la *doctrina* de Hegel era revolucionaria. La fe de Hegel en la razón humana, y en los derechos de esta, y la tesis fundamental de la filosofía hegeliana –según la cual en el mundo transcurre un proceso constante de cambio y desarrollo– indujeron a los discípulos del profesor berlinés, que no querían resignarse a la realidad, a la idea de que también la lucha contra la realidad, la lucha contra la injusticia existente y el mal reinante tiene sus raíces en la ley universal del desarrollo perpetuo. Si todo en el mundo se desarrolla, si unas instituciones sustituyen a otras, ¿por qué han de perdurar eternamente la autocracia del rey prusiano o del zar ruso, el enriquecimiento de una minoría insignificante a expensas de la enorme mayoría, el dominio de la burguesía sobre el pueblo? La filosofía de Hegel hablaba del desarrollo del espíritu y de las ideas: era una filosofía *idealista*. Del desarrollo del espíritu deducía el desarrollo de la naturaleza, el de la humanidad y el de las relaciones entre los seres humanos, el de las relaciones sociales. Marx y Engels, conservando la idea de Hegel del perpetuo proceso de desarrollo*, rechazaron su preconcebida concepción idealista; analizando la vida real, vieron que no es el desarrollo del espíritu lo que explica el desarrollo de la naturaleza, sino, a la inversa, que el espíritu tiene su explicación en la naturaleza, en la materia... Contrariamente a Hegel y otros hegelianos,

---

* Marx y Engels señalaron más de una vez que su desarrollo intelectual era debido en gran parte a los notables filósofos alemanes y, en particular, a Hegel. «Sin la filosofía alemana –dijo Engels– no existiría tampoco el socialismo científico»[3].

[3] F. Engels, Prefacio a *La guerra campesina en Alemania* (véase K. Marx y F. Engels, *Obras Escogidas,* t. I, p. 628).

Marx y Engels eran materialistas. Enfocando el mundo y la humanidad desde el punto de vista materialista, vieron que, lo mismo que todos los fenómenos de la naturaleza tienen por base causas materiales, así también el desarrollo de la sociedad humana está condicionado por el desarrollo de las fuerzas materiales, las fuerzas productivas. Del desarrollo de las fuerzas productivas dependen las relaciones en que se colocan los hombres entre sí en el proceso de producción de los objetos indispensables para la satisfacción de las necesidades humanas. Y en dichas relaciones está la clave que permite explicar todos los fenómenos de la vida social, los anhelos del hombre, sus ideas y sus leyes. El desarrollo de las fuerzas productivas crea las relaciones sociales, que se basan en la propiedad privada; pero vemos ahora también cómo este mismo desarrollo de las fuerzas productivas despoja de la propiedad a la mayoría de los hombres para concentrarla en manos de una insignificante minoría; destruye la propiedad, base del régimen social contemporáneo, y tiende al mismo fin que se han planteado los socialistas. Estos solo deben comprender cuál es la fuerza social que por su situación en la sociedad contemporánea está interesada en la realización del socialismo e inculcar a esta fuerza la conciencia de sus intereses y de su misión histórica. Esta fuerza es el proletariado. Engels lo conoció en Inglaterra, en el centro de la industria inglesa, en Mánchester, adonde se trasladó en 1842, como empleado de una firma comercial de la que su padre era uno de los accionistas. Allí Engels no se limitó a permanecer en la oficina de la fábrica, sino que anduvo por los barrios inmundos en los que se albergaban los obreros y comprobó con sus propios ojos la miseria y las calamidades que los azotaban. No conformándose con sus propias observaciones, Engels leyó todo lo que se había escrito hasta entonces sobre la situación de la clase obrera inglesa y estudió minuciosamente todos los documentos oficiales que estaban a su alcance. Como resultado de sus observaciones y estudios apareció en 1845 su libro *La situación de la clase obrera en Inglaterra*. Ya hemos señalado más arriba en qué consiste el mérito principal de Engels como autor de dicho libro. Es cierto que también con anterioridad a Engels fueron muchos los que describieron los padecimientos del proletariado e indicaron la necesidad de ayudarlo. Pero Engels fue el *primero* en afirmar que el proletariado *no solo* constituye una clase que sufre, sino que precisamente la miserable situación económica en que se encuentra le impulsa incontiniblemente hacia adelante y le obliga a luchar por su emancipación definitiva. Y el proletariado en lucha *se ayudará a sí mismo*. El movimiento político de la clase obrera llevará ineludiblemente a los trabajadores a la conciencia de que no les queda otra salida que el socialismo. Por otra parte, el socialismo tan solo se transformará en una fuerza cuando se convierta en el objetivo de la *lucha política de la clase obrera*. Estas son las ideas fundamentales de la obra de Engels sobre la situación de la clase obrera en Inglaterra, ideas aceptadas ahora por todo el proletariado que piensa y lucha, pero que entonces eran completamente nuevas. Estas ideas fueron expuestas en un libro escrito con amenidad, lleno de los cuadros más auténticos y patéticos en los que se mostraban las calamidades del proletariado inglés. Era un libro que constituía una terrible acusación contra el capitalismo y la burguesía. La impresión que produjo fue muy grande. En todas partes comenzaron a citar la obra de Engels como el cuadro que mejor representaba la situación del proletariado contemporáneo. Y en efecto, ni antes de 1845 ni después apareció una descripción tan brillante y veraz de las calamidades sufridas por la clase obrera.

Engels se hizo socialista estando ya en Inglaterra. En la ciudad de Mánchester se puso en contacto con los militantes del movimiento obrero inglés existente en aquel entonces y empezó a colaborar en las publicaciones socialistas inglesas. En 1844, al pasar por París de regreso a Alemania, conoció a Marx, con quien ya mantenía correspondencia. Estando en París, Marx, bajo la influencia de los socialistas franceses y de la vida en Francia, también se hizo socialista. En la capital de Francia los dos amigos escribieron juntos su obra *La sagrada familia o crítica de la crítica crítica*. Esta obra, escrita en su mayor parte por Marx y que apareció un año antes de *La situación de la clase obrera en Inglaterra,* contiene las bases del socialismo revolucionario-materialista, cuyas ideas principales hemos expuesto más arriba. *La sagrada familia* es un nombre burlón dado a los filósofos hermanos Bauer y a sus secuaces. Estos señores predicaban una crítica que estaba por encima de toda realidad, por encima de los partidos y de la política, que negaba toda actuación práctica y solo contemplaba «críticamente» el mundo circundante y los sucesos que ocurrían en él. Los señores Bauer calificaban desdeñosamente al proletariado de masa carente de sentido crítico. Marx y Engels se enfrentaron enérgicamente con esta tendencia absurda y nociva. En nombre de la verdadera personalidad humana, la del obrero pisoteado por las clases dominantes y por el Estado, Marx y Engels exigían no la contemplación, sino la lucha por un orden social mejor. Y veían, naturalmente, que la fuerza capaz de librar esta lucha, en la que estaba interesada, era el proletariado. Ya antes de la aparición de *La sagrada familia,* Engels había publicado en la revista *Anales Franco-Alemanes,* editada por Marx y Ruge, su *Estudio crítico sobre la economía política*[4] en el que analizaba desde el punto de vista socialista los fenómenos básicos del régimen económico contemporáneo, como consecuencia inevitable de la dominación

---

[4] Se refiere a la obra de F. Engels *Esbozos sobre la crítica de la economía política.*

de la propiedad privada. Su relación con Engels contribuyó sin duda a que Marx se decidiera a ocuparse del estudio de la Economía política, ciencia en la que sus obras produjeron toda una revolución.

Desde 1845 a 1847 Engels vivió en Bruselas y en París, alternando los estudios científicos con las actividades prácticas entre los obreros alemanes residentes en dichas ciudades. Allí Engels y Marx se relacionaron con una asociación clandestina alemana, la «Liga de los Comunistas», que les encargó que expusiesen los principios fundamentales del socialismo elaborado por ellos. Así surgió el famoso *Manifiesto comunista* de Marx y Engels, que vio la luz en 1848. Este pequeño libro vale por tomos enteros: su espíritu da vida y movimiento, hasta hoy día, a todo el proletariado organizado y combatiente del mundo civilizado.

La Revolución de 1848, que estalló primero en Francia y se extendió después a otros países de la Europa Occidental, permitió a Marx y Engels regresar a su patria. Allí, en la Prusia renana, asumieron la dirección de la *Nueva Gaceta Renana,* periódico democrático que aparecía en la ciudad de Colonia. Los dos amigos constituían el alma de todas las tendencias democráticas revolucionarias de la Prusia renana. Defendieron hasta la última posibilidad los intereses del pueblo y de la libertad contra las fuerzas reaccionarias. Como es sabido, las fuerzas reaccionarias vencieron, la *Nueva Gaceta Renana* fue suspendida, y Marx, que mientras se hallaba en la emigración había sido privado de los derechos de súbdito prusiano, fue expulsado del país; en cuanto a Engels, después de participar en la insurrección armada del pueblo y combatir en tres batallas en pro de la libertad, huyó a Londres, a través de Suiza, una vez derrotados los insurgentes.

A Londres vino a establecerse también Marx. Engels no tardó en colocarse de nuevo en la misma casa de comercio de Mánchester, de la que había sido empleado en la década de 1840, y más tarde se hizo socio suyo. Hasta 1870, Engels vivió en Mánchester y Marx en Londres, lo que no fue óbice para que siguieran en el más íntimo contacto espiritual, manteniendo correspondencia casi a diario. En esta correspondencia los dos amigos intercambiaban sus ideas y conocimientos, continuando la elaboración en común de la doctrina del socialismo científico. En 1870 Engels se trasladó a Londres y hasta 1883, año en que murió Marx, continuaron su vida intelectual conjunta, una vida llena de intensísimo trabajo. Su resultado fue, por parte de Marx, *El capital,* la obra más grande sobre economía política de nuestro siglo, y, por parte de Engels, toda una serie de obras grandes y pequeñas. Marx trabajó en el análisis de los complejos fenómenos de la economía capitalista. Engels, en sus trabajos, escritos en un lenguaje muy ameno, muchas veces en forma de polémica, enfocó los problemas científicos más generales y los diversos fenómenos del pasado y del presente en el sentido de la concepción materialista de la historia y de la doctrina económica de Marx. De estos trabajos de Engels citaremos: la obra polémica contra Dühring (en ella el autor analiza los problemas más importantes de la filosofía, de las ciencias naturales y de la sociología)*. *El origen de la familia,*

---

* Es un libro admirablemente instructivo y de rico contenido[5]. Por desgracia solo ha sido traducida al ruso una pequeña parte de esta obra, la que esboza la historia del desarrollo del socialismo (*Del socialismo utópico al socialismo científico,* 2.ª ed. de 1892, Ginebra)[6].

[5] Se alude a la obra de F. Engels *Anti-Dühring. Una revolución en la ciencia realizada por el señor Eugen Dühring.*

[6] Con este título se publicó en la edición rusa de 1892 la obra de F. Engels *Del socialismo utópico al socialismo científico,* basada en tres capítulos del libro de F. Engels *Anti-Dühring.*

la propiedad privada y el Estado[7] (traducida al ruso y editada en Petersburgo, 3.ª ed. de 1895), *Ludwig Feuerbach*[8] (traducción al ruso y notas de Plejánov, Ginebra, 1892), un artículo sobre la política exterior del gobierno ruso (traducido al ruso y publicado en *Sotsial-Demokrat*[9], n.ᵒˢ 1 y 2, en Ginebra), sus magníficos artículos sobre el problema de la vivienda[10] y, finalmente, dos artículos, pequeños pero muy valiosos, sobre el desarrollo económico de Rusia (*Friedrich Engels sobre Rusia*, traducido al ruso por V. Zasúlich, Ginebra, 1894)[11]. Marx murió sin haber logrado dar definitivo remate a su grandiosa obra sobre el capital. Sin embargo, esta obra estaba terminada en borrador, y Engels, después de la muerte de su amigo, emprendió la difícil tarea de redactar y editar los tomos segundo y tercero de *El capital*. En 1885 editó el segundo y en 1894 el tercer tomo (el cuarto tomo ya no alcanzó a redactarlo)[12]. Estos dos tomos le exigie-

---

[7] Véase K. Marx y F. Engels, *Obras Escogidas,* t. II, pp. 183-307.

[8] Véase *ibid.,* pp. 358-386.

[9] V. I. Lenin se refiere al artículo de F. Engels *La política exterior del zarismo ruso*, publicado en los dos primeros números del *Sotsial-Demokrat. Sotsial-Demokrat:* revista literaria y política editada por el grupo «Emancipación del Trabajo» en Londres y Ginebra en 1890-1892; desempeñó un gran papel en la difusión de las ideas del marxismo en Rusia; en total se publicaron cuatro números.

[10] Lenin alude al artículo de F. Engels *Contribución al problema de la vivienda* (véase K. Marx y F. Engels, *Obras Escogidas,* t. I, pp. 546-623).

[11] Se alude al artículo de F. Engels *Acerca de las relaciones sociales en Rusia* y el epílogo a dicho artículo, insertado en el libro *Friedrich Engels sobre Rusia,* Ginebra, 1894.

[12] En consonancia con una indicación de F. Engels, V. I. Lenin llama cuarto tomo de *El capital* a la obra de K. Marx *Teorías de la plusvalía,* escrita en 1862-1863. En el prefacio al segundo tomo de *El capital,* Engels escribió: «Me reservo el derecho de publicar la parte crítica de este manuscrito (de las *Teorías de la plusvalía [N. del Ed.]*) en concepto del IV volumen de *El capital,* con la particularidad de que se suprimirán

ron muchísimo trabajo. El socialdemócrata austriaco Adler observó con razón que, con la edición del segundo y tercer tomos de *El capital,* Engels erigió a su genial amigo un monumento majestuoso en el que, involuntariamente, había grabado también con trazos indelebles su propio nombre. En efecto, dichos tomos de *El capital* son obra de ambos, de Marx y de Engels.

Las leyendas de la Antigüedad nos demuestran diversos ejemplos de emocionante amistad. El proletariado europeo tiene derecho a decir que su ciencia fue creada por dos sabios y luchadores cuyas relaciones mutuas superan a todas las emocionantes leyendas antiguas sobre la amistad entre los hombres. Engels siempre, y en general con toda justicia, se posponía a Marx. «Al lado de Marx –escribió en una ocasión a un viejo amigo suyo– me correspondió el papel de segundo violín»[13]. Su cariño hacia Marx mientras este vivió y su veneración a la memoria del amigo muerto fueron infinitos. Engels, el luchador austero y pensador profundo, era hombre de una gran ternura.

Después del movimiento de 1848-1849, Marx y Engels, en el exilio, no se dedicaron únicamente a la labor científica. Marx creó en 1864 la «Asociación Internacional de los

de él numerosos pasajes, agotados en los tomos II y III» (K. Marx, *El capital,* t. II). Sin embargo, Engels no tuvo tiempo de preparar para la prensa el IV tomo de *El capital. Teorías de la plusvalía* se publicó por vez primera en alemán redactado por K. Kautsky entre 1905 y 1910. En esta edición se infringieron las exigencias fundamentales de la publicación científica de un texto y se tergiversaron muchas tesis del marxismo.

El Instituto de Marxismo-Leninismo anexo al CC del PCUS ha publicado en 1955-1961 una nueva edición de *Teorías de la plusvalía* (IV tomo de *El capital*) conforme al manuscrito de 1862-1863.

[13] Se alude a la carta de F. Engels a Y. Ph. Becker del 15 de octubre de 1884.

Trabajadores», que dirigió durante todo un decenio. También Engels participó activamente en sus tareas. La actividad de esta «Asociación Internacional» que, de acuerdo con las ideas de Marx, unía a los proletarios de todos los países, tuvo una enorme importancia para el desarrollo del movimiento obrero. Pero, incluso después de haber sido disuelta dicha asociación, en la década de 1870, el papel de Marx y de Engels como unificadores de la clase obrera no cesó. Por el contrario, puede afirmarse que su importancia como dirigentes espirituales del movimiento obrero seguía creciendo constantemente, porque el propio movimiento continuaba desarrollándose sin cesar. Después de la muerte de Marx, Engels, solo, siguió siendo el consejero y dirigente de los socialistas europeos. A él acudían en busca de consejos y directivas tanto los socialistas alemanes, cuyas fuerzas, a pesar de las persecuciones gubernamentales, iban constante y rápidamente en aumento, como los representantes de países atrasados, por ejemplo, españoles, rumanos, rusos, que se veían en el trance de meditar y medir con toda cautela sus primeros pasos. Todos ellos aprovechaban el riquísimo tesoro de conocimientos y experiencias del viejo Engels.

Marx y Engels, que conocían la lengua rusa y leían libros en ruso, se interesaban vivamente por Rusia, seguían con simpatía el movimiento revolucionario de nuestro país y mantenían relaciones con revolucionarios rusos. Ambos eran ya demócratas antes de hacerse socialistas y tenían profundamente arraigado el sentimiento democrático de odio a la arbitrariedad política. Este sentimiento político innato, a la par que la profunda comprensión teórica del nexo existente entre la arbitrariedad política y la opresión económica, así como su riquísima experiencia de la vida, hicieron que Marx y Engels fueran extraordinariamente sensibles precisamente en el sentido político. Por lo mismo, la heroica lucha sostenida por un puñado de revolucionarios rusos contra el poderoso gobierno zarista halló en el corazón de estos dos revolucionarios probados la simpatía más viva. Y a la inversa, era natural que el intento de volver la espalda a la tarea inmediata y más importante de los socialistas rusos –la conquista de la libertad política–, en aras de supuestas ventajas económicas, les pareciese sospechoso e incluso fuese considerado por ellos como una traición a la gran causa de la revolución social. «La emancipación del proletariado debe ser obra del proletariado mismo»[14] nos enseñaron siempre Marx y Engels. Y para luchar por su emancipación económica, el proletariado debe conquistar ciertos derechos políticos. Además, Marx y Engels vieron con toda claridad que la revolución política en Rusia tendría también una enorme importancia para el movimiento obrero de la Europa Occidental. La Rusia autocrática ha sido siempre el baluarte de toda la reacción europea. La situación internacional extraordinariamente ventajosa en que colocó a Rusia la guerra de 1870, que sembró por largo tiempo la discordia entre Alemania y Francia, naturalmente, no hizo más que aumentar la importancia de la Rusia autocrática como fuerza reaccionaria. Únicamente una Rusia libre, que no tuviese necesidad de oprimir a los polacos, finlandeses, alemanes, armenios y otros pueblos pequeños, ni de azuzar continuamente una contra otra a Francia y Alemania, daría a la Europa contemporánea la posibilidad de respirar aliviada del peso de las guerras, debilitaría a todos los elementos reaccionarios de Europa y aumentaría las fuerzas de la clase obrera europea. Por lo mismo, Engels, teniendo también en cuenta

---

[14] Véase K. Marx, *Estatutos Generales de la Asociación Internacional de los Trabajadores;* F. Engels, «Prefacio a la edición alemana de 1890» del *Manifiesto comunista* (K. Marx y F. Engels, *Obras Escogidas,* t. I, pp. 16, 371).

los intereses del movimiento obrero de Occidente, abogó calurosamente por la implantación de la libertad política en Rusia. Los revolucionarios rusos han perdido en su persona al mejor de sus amigos.

¡Memoria eterna a Friedrich Engels, gran luchador y maestro del proletariado!

Otoño de 1895

Las tres fuentes y tres partes integrantes del marxismo[1]

La doctrina de Marx suscita en todo el mundo civilizado la mayor hostilidad y el mayor odio de toda la ciencia burguesa (tanto la oficial como la liberal), que ve en el marxismo algo así como una «secta nefasta». Y no puede esperarse otra actitud, pues en una sociedad erigida sobre la lucha de clases no puede haber una ciencia social «imparcial». De un modo o de otro, *toda* la ciencia oficial y liberal *defiende* la esclavitud asalariada, mientras que el marxismo ha declarado una guerra implacable a esa esclavitud. Esperar una ciencia imparcial en una sociedad de esclavitud asalariada sería la misma pueril ingenuidad que esperar de los fabricantes imparcialidad en cuanto a la conveniencia de aumentar los salarios de los obreros en detrimento de las ganancias del capital.

Pero hay más. La historia de la filosofía y la historia de las ciencias sociales enseñan con toda claridad que no hay nada en el marxismo que se parezca al «sectarismo», en el sentido de una doctrina encerrada en sí misma, rígida, surgida *al margen* del camino real del desarrollo de la civiliza-

---

[1] V. I. Lenin escribió este artículo con motivo del 30 aniversario de la muerte de Karl Marx.

ción mundial. Al contrario, el genio de Marx estriba, precisamente, en haber dado solución a los problemas planteados antes por el pensamiento avanzado de la humanidad. Su doctrina apareció como *continuación* directa e inmediata de las doctrinas de los más grandes representantes de la filosofía, la economía política y el socialismo.

La doctrina de Marx es todopoderosa porque es exacta. Es completa y armónica, dando a los hombres una concepción del mundo íntegra, intransigente con toda superstición, con toda reacción y con toda defensa de la opresión burguesa. El marxismo es el sucesor natural de lo mejor que la humanidad creó en el siglo xix: la filosofía alemana, la economía política inglesa y el socialismo francés.

Vamos a detenernos brevemente en estas tres fuentes del marxismo, que son, a la vez, sus tres partes integrantes.

I

La filosofía del marxismo es el *materialismo*. A lo largo de toda la historia moderna de Europa, y especialmente a finales del siglo xviii, en Francia, donde se libró la batalla decisiva contra toda la basura medieval, contra el feudalismo en las instituciones y en las ideas, el materialismo demostró ser la única filosofía consecuente, fiel a todos los principios de las ciencias naturales, hostil a la superstición, a la hipocresía, etc. Por eso, los enemigos de la democracia trataban con todas sus fuerzas de «refutar», de minar, de calumniar el materialismo, y defendían las diversas formas del idealismo filosófico, que se reduce siempre, de un modo o de otro, a la defensa o al apoyo de la religión.

Marx y Engels defendieron del modo más enérgico el materialismo filosófico y explicaron reiteradas veces el profundo error que significaba todo cuanto fuera desviarse de él. Donde con mayor claridad y detalle aparecen expuestas sus opiniones, es en las obras de Engels *Ludwig Feuerbach* y *Anti-Dühring,* que –al igual que el *Manifiesto comunista*–[2] son libros que no deben faltar en las manos de ningún obrero consciente.

Pero Marx no se detuvo en el materialismo del siglo XVIII, sino que llevó más lejos la filosofía. La enriqueció con adquisiciones de la filosofía clásica alemana, especialmente del sistema de Hegel, que, a su vez, había conducido al materialismo de Feuerbach. La principal de estas adquisiciones es la *dialéctica,* es decir, la doctrina del desarrollo de su forma más completa, más profunda y más exenta de unilateralidad, la doctrina de la relatividad del conocimiento humano, que nos da un reflejo de la materia en constante desarrollo. Los novísimos descubrimientos de las ciencias naturales –el radio, los electrones, la transformación de los elementos– han confirmado de un modo admirable el materialismo dialéctico de Marx, a despecho de las doctrinas de los filósofos burgueses, con sus «nuevos» retornos al viejo y podrido idealismo.

Marx profundizó y desarrolló el materialismo filosófico, lo llevó a su término e hizo extensivo su conocimiento de la naturaleza al conocimiento de la *sociedad humana.* El *materialismo histórico* de Marx es una conquista formidable del pensamiento científico. Al caos y a la arbitrariedad, que hasta entonces imperaban en las concepciones relativas a la historia y a la política, sucedió una teoría científica asombrosamente completa y armónica, que muestra cómo de un tipo de vida social se desarrolla, en virtud del crecimiento de las fuerzas productivas, otra más alta, cómo del feudalismo, por ejemplo, nace el capitalismo.

---

[2] F. Engels, *Ludwig Feuerbach y el fin de la filosofía clásica alemana;* F. Engels, *Anti-Dühring;* K. Marx y F. Engels, *Manifiesto comunista.*

Del mismo modo que el conocimiento del hombre refleja la naturaleza, que existe independientemente de él (es decir, la materia en desarrollo), el *conocimiento social* del hombre (es decir, las diversas opiniones y doctrinas filosóficas, religiosas, políticas, etc.) refleja el *régimen económico* de la sociedad. Las instituciones políticas son la superestructura que se alza sobre la base económica. Así vemos, por ejemplo, cómo las diversas formas políticas de los Estados europeos modernos sirven para reforzar la dominación de la burguesía sobre el proletariado.

La filosofía de Marx es el materialismo filosófico acabado, que ha dado una formidable arma de conocimiento a la humanidad y, sobre todo, a la clase obrera.

II

Una vez hubo comprobado que el régimen económico es la base sobre la que se alza la superestructura política, Marx se entregó sobre todo al estudio atento de este régimen económico. La obra principal de Marx, *El capital,* está consagrada al estudio del régimen económico de la sociedad moderna, es decir, de la sociedad capitalista.

La economía política clásica anterior a Marx se había formado en Inglaterra, en el país capitalista más desarrollado. Adam Smith y David Ricardo sentaron en sus investigaciones del régimen económico los fundamentos de la *teoría del valor como fruto del trabajo.* Marx prosiguió su obra, fundamentando con toda precisión y desarrollando consecuentemente esa teoría, y poniendo de manifiesto que el valor de toda mercancía lo determina la cantidad de tiempo de trabajo socialmente necesario invertido en su producción.

Allí donde los economistas burgueses veían relaciones entre objetos (cambio de unas mercancías por otras), Marx descubrió *relaciones entre personas.* El cambio de mercancías expresa el lazo establecido por mediación del mercado entre los distintos productores. El *dinero* indica que este lazo se hace más estrecho, uniendo indisolublemente en un todo la vida económica de los distintos productores. El *capital* significa un mayor desarrollo de este lazo: la fuerza de trabajo y del hombre se transforma en mercancía. El obrero asalariado vende su fuerza de trabajo al propietario de la tierra, de la fábrica o de los instrumentos de trabajo. Una parte de la jornada la emplea el obrero en cubrir el coste del sustento suyo y de su familia (salario); durante la otra parte de la jornada trabaja gratis, creando para el capitalista la *plusvalía,* fuente de las ganancias, fuente de la riqueza de la clase capitalista.

La teoría de la plusvalía es la piedra angular de la doctrina económica de Marx.

El capital, creado por el trabajo del obrero, oprime al obrero, arruina al pequeño patrono y crea un ejército de parados. En la industria, el triunfo de la gran producción se advierte enseguida, pero también en la agricultura nos encontramos con ese mismo fenómeno: aumenta la superioridad de la gran agricultura capitalista, crece el empleo de maquinaria, la hacienda campesina cae en las garras del capital financiero, languidece y se arruina bajo el peso de la técnica atrasada. La decadencia de la pequeña producción reviste en la agricultura otras formas, pero esa decadencia es un hecho indiscutible.

Al aplastar a la pequeña producción, el capital hace aumentar la productividad del trabajo y crea una situación de monopolio para los consorcios de los grandes capitalistas. La misma producción va adquiriendo cada vez más un carácter social –cientos de miles y millones de obreros son articulados en un organismo económico coordinado–, mientras que el producto del trabajo común se lo apropia un puñado de capitalistas. Crecen la anarquía de la producción, las crisis, la loca carrera en busca de mercados, la escasez de medios de subsistencia para las masas de la población.

Al aumentar la dependencia de los obreros respecto al capital, el régimen capitalista crea la gran potencia del trabajo asociado.

Marx va siguiendo la evolución del capitalismo desde los primeros gérmenes de la economía mercantil, desde el simple trueque, hasta sus formas más altas, hasta la gran producción.

Y la experiencia de todos los países capitalistas, tanto de los viejos como de los nuevos, hace ver claramente cada año a un número cada vez mayor de obreros la exactitud de esta doctrina de Marx.

El capitalismo ha vencido en el mundo entero, pero esta victoria no es más que el preludio del triunfo del trabajo sobre el capital.

III

Cuando el régimen feudal fue derrocado y vio la luz la *«libre»* sociedad capitalista, enseguida se puso de manifiesto que esa libertad representaba un nuevo sistema de opresión y explotación de los trabajadores. Como reflejo de esa opresión y como protesta contra ella, comenzaron inmediatamente a surgir diversas doctrinas socialistas. Pero el socialismo primitivo era un socialismo *utópico*. Criticaba a la sociedad capitalista, la condenaba, la maldecía, soñaba con su destrucción, fantaseaba acerca de un régimen mejor, quería convencer a los ricos de la inmoralidad de la explotación.

Pero el socialismo utópico no podía señalar una salida real. No sabía explicar la naturaleza de la esclavitud asalariada bajo el capitalismo, ni descubrir las leyes de su desarrollo, ni encontrar la *fuerza social* capaz de emprender la creación de una nueva sociedad.

Entretanto, las tormentosas revoluciones que acompañaron en toda Europa, y especialmente en Francia, la caída del feudalismo, de la servidumbre de la gleba, hacían ver cada vez más palpablemente que la base de todo el desarrollo y su fuerza motriz era la *lucha de clases*.

Ni una sola victoria de la libertad política sobre la clase feudal fue alcanzada sin desesperada resistencia. Ni un solo país capitalista se formó sobre una base más o menos libre, más o menos democrática, sin una lucha a muerte entre las diversas clases de la sociedad capitalista.

El genio de Marx está en haber sabido deducir de ahí y aplicar consecuentemente antes que nadie la conclusión implícita en la historia universal. Esta conclusión es la doctrina de la *lucha de clases*.

Los hombres han sido siempre en política víctimas necias del engaño de los demás y del engaño propio, y lo seguirán siendo mientras no aprendan a discernir detrás de todas las frases, declaraciones y promesas morales, religiosas, políticas y sociales, los *intereses* de una u otra clase. Los partidarios de reformas y mejoras se verán siempre burlados por los defensores de lo viejo mientras no comprendan que toda institución vieja, por bárbara y podrida que parezca, se sostiene por la fuerza de unas u otras clases dominantes. Y para vencer la resistencia de esas clases, *solo* hay *un* medio: encontrar en la misma sociedad que nos rodea, educar y organizar para la lucha a los elementos que puedan –y, por su situación social, *deban*– formar la fuerza capaz de barrer lo viejo y crear lo nuevo.

Solo el materialismo filosófico de Marx señaló al proletariado la salida de la esclavitud espiritual en que han vegetado hasta hoy todas las clases oprimidas. Solo la teoría económica de Marx explicó la situación real del proletariado en el régimen general del capitalismo.

En el mundo entero, desde Norteamérica hasta Japón y desde Suecia hasta el sur de África, se multiplican las organizaciones independientes del proletariado. Este se instruye y se educa manteniendo su lucha de clase, se despoja de los prejuicios de la sociedad burguesa, adquiere una cohesión cada vez mayor, aprende a medir el alcance de sus éxitos, templa sus fuerzas y crece irresistiblemente.

Marzo de 1913

Marxismo y revisionismo[1]

Un conocido aforismo dice que si los axiomas geométricos chocasen con los intereses de los hombres, seguramente habría quien los refutase. Las teorías de las ciencias naturales, que chocaban con los viejos prejuicios de la teología, provocaron y siguen provocando hasta hoy día la lucha más rabiosa. Nada tiene de extraño, pues, que la doctrina de Marx –que sirve directamente a la educación y a la organización de la clase de vanguardia de la sociedad moderna, que señala las tareas de esta clase y demuestra la sustitución inevitable (en virtud del desarrollo económico) del régimen actual por un nuevo orden de cosas– haya tenido que conquistar luchando cada paso dado en la senda de la vida.

No hablemos de la ciencia y la filosofía burguesas, enseñadas de un modo oficial por los profesores oficiales para embrutecer a las nuevas generaciones de las clases poseedoras y «amaestrarlas» contra los enemigos de fuera y de dentro. Esta ciencia no quiere ni oír hablar de marxismo, declarándolo refutado y destruido; tanto los hombres de ciencia jóvenes, que hacen carrera refutando el socialismo, como los ancianos caducos, que guardan el legado de toda clase de anticuados «sistemas», se abalanzan sobre Marx con el mismo celo. Los avan-

---

[1] Texto incluido en *Karl Marx* (1908).

ces del marxismo, la difusión y el afianzamiento de sus ideas entre la clase obrera, provocan inevitablemente la reiteración y la agudización de estos ataques burgueses contra el marxismo, que de cada una de sus «destrucciones» por obra de la ciencia oficial, sale más fortalecido, más templado y más vital.

Pero, entre las doctrinas vinculadas a la lucha de la clase obrera y difundidas predominantemente entre el proletariado, el marxismo tampoco afirmó su posición de golpe, ni mucho menos. Durante el primer medio siglo de su existencia (desde la década de 1840), el marxismo luchó contra las teorías que le eran profundamente hostiles. En la primera mitad de la década de 1840, Marx y Engels ajustaron cuentas con los jóvenes hegelianos radicales, que se situaban en el punto de vista del idealismo filosófico. A finales de esta década pasa a primer plano la lucha, en el campo de las doctrinas económicas, contra el proudhonismo[2]. Esta lucha llega a su final en la década de 1850: crítica de los partidos y de las doctrinas que se habían revelado en el turbulento año de

---

[2] *Proudhonismo:* corriente del socialismo pequeñoburgués, anticientífico y hostil al marxismo. Lleva el nombre de su ideólogo, el anarquista francés Proudhon. Al criticar la gran propiedad capitalista de acuerdo con su posición pequeñoburguesa, Proudhon soñaba con perpetuar la pequeña propiedad privada, proponía fundar la Banca del Pueblo y la Banca de Cambio, con ayuda de las cuales obtendrían los obreros sus propios medios de producción, se convertirían en artesanos y asegurarían la venta «justa» de sus productos. Proudhon no comprendía el papel histórico del proletariado y negaba la lucha de clases, la revolución proletaria y la dictadura del proletariado; como anarquista, negaba también la necesidad del Estado. Marx y Engels mantenían una lucha consecuente contra los intentos de los proudhonistas de imponer sus ideas a la I Internacional. Marx, en su obra *Miseria de la filosofía,* sometió a los proudhonistas a una crítica demoledora. La lucha resuelta de K. Marx y F. Engels y sus partidarios contra el proudhonismo terminó con la completa victoria del marxismo en la I Internacional.

1848. En la década de 1860, la lucha se desplaza del campo de la teoría general a un campo más cercano al movimiento obrero propiamente dicho: expulsión del bakuninismo[3] de la Internacional. A comienzos de la década de 1870, se destaca en Alemania, por breve tiempo, el proudhonista Mühlberger; a finales de este periodo, el positivista Dühring. Pero la influencia de uno y otro sobre el proletariado ya es sumamente insignificante. El marxismo triunfa ya, incondicionalmente, sobre todas las demás ideologías del movimiento obrero.

Hacia la década de 1890, este triunfo, en sus rasgos fundamentales, estaba ya consumado. Hasta en los países latinos, donde por más tiempo se habían mantenido las tradiciones del proudhonismo, los partidos obreros estructuraron, de hecho, sus programas y su táctica sobre bases marxistas. Al reanudarse –en forma de congresos internacionales periódicos– la organización internacional del movimiento obrero, esta se colocó inmediatamente y casi sin lucha, en todo lo esencial, en el terreno del marxismo. Pero, cuando el marxismo hubo desplazado a todas las doctrinas más o menos completas hostiles a él, las tendencias que se albergaban en estas doctrinas comenzaron a buscar otros caminos. Cambiaron las formas y los motivos de lucha, pero la lucha continuó. Y el segundo medio siglo de existencia del marxismo (década de 1890) comenzó con la lucha de la corriente hostil al marxismo, en el seno de este.

Esta corriente[4] debe su nombre al exmarxista ortodoxo Bernstein, que es quien más ruido hizo y quien dio la expre-

---

[3] Véase *supra,* n. 14 en p. 11.
[4] *Bernsteinianismo* («bernsteiniada»): corriente oportunista hostil al marxismo, surgida en la socialdemocracia internacional a finales del siglo XIX en Alemania y que debe su nombre a Eduard Bernstein, portavoz más destacado del revisionismo.

sión más completa a las enmiendas hechas a Marx, la revisión de Marx, al revisionismo. Incluso en Rusia, donde el socialismo no marxista, lógicamente –en virtud del atraso económico del país y del predominio de la población campesina, oprimida por los vestigios feudales–, se mantuvo más tiempo, este socialismo se convierte claramente, a nuestros ojos, en revisionismo. Y lo mismo en la cuestión agraria (programa de municipalización de toda la tierra) que en las cuestiones generales programáticas y tácticas, nuestros socialpopulistas sustituyen cada vez más con «enmiendas» a Marx los restos agonizantes y caducos del viejo sistema, coherente a su modo y profundamente hostil al marxismo.

El socialismo premarxista ha sido derrotado. Ya no continúa la lucha en su propio terreno, sino en el terreno general del marxismo, a título de revisionismo. Veamos, pues, cuál es el contenido ideológico del revisionismo.

En 1896-1898, Bernstein publicó en *Die Neue Zeit [Tiempos Nuevos]*, revista teórica de la socialdemocracia alemana, una serie de artículos, bajo el título *Problemas del socialismo*, en los cuales revisó las bases filosóficas, económicas y políticas del marxismo revolucionario. Lenin decía: «Ha sido negada la posibilidad de fundamentar científicamente el socialismo y de demostrar, desde el punto de vista de la concepción materialista de la historia, su necesidad e inevitabilidad; ha sido negado el hecho de la miseria creciente, de la proletarización y de la exacerbación de las contradicciones capitalistas; ha sido declarado inconsistente el concepto mismo del *"objetivo final"* y rechazada en absoluto la idea de la dictadura del proletariado; ha sido negada la oposición de principios entre el liberalismo y el socialismo, ha sido negada la *teoría de la lucha de clases*» (V. I. Lenin, *Obras Escogidas*, t. I, p. 123). Con su revisión del marxismo, los bernsteinianos tendían a que la socialdemocracia dejara de ser el partido de la revolución social para convertirse en un partido de reformas sociales. Los marxistas, los bolcheviques, encabezados por Lenin, luchaban resuelta y consecuentemente contra los bernsteinianos y sus adeptos.

En el campo de la filosofía, el revisionismo iba a remolque de la «ciencia» académica burguesa. Los profesores «retornaban a Kant», y el revisionismo se arrastraba tras los neokantianos[5], los profesores repetían, por milésima vez, las vulgaridades de los curas contra el materialismo filosófico, y los revisionistas, sonriendo complacidamente, mascullaban (repitiendo palabra por palabra el último manual) que el materialismo había sido «refutado» desde hacía mucho tiempo.

Los profesores trataban a Hegel como a un «perro muerto»[6] y, predicando ellos mismos el idealismo, solo que mil veces más mezquino y trivial que el hegeliano, se encogían desdeñosamente de hombros ante la dialéctica, y los revisionistas se hundían tras ellos en el pantano del envilecimiento filosófico de la ciencia, sustituyendo la «sutil» (y revolucionaria) dialéctica por la «simple» (y pacífica) «evolución».

---

[5] *Neokantianos:* representantes de una tendencia reaccionaria en la filosofía burguesa, aparecida a mediados del siglo xix en Alemania. Los neokantianos repetían las tesis idealistas más reaccionarias de la filosofía de Kant y rechazaban los elementos de materialismo existentes en ella. Bajo la consigna de «Volvamos a Kant», los neokantianos preconizaban el resurgimiento del idealismo kantiano, luchaban contra el materialismo dialéctico e histórico. En su obra *Ludwig Feuerbach y el fin de la filosofía clásica alemana,* F. Engels caracterizó a los neokantianos como «reaccionarios en el orden teórico», como eclécticos y avaros mezquinos.

En los medios de la socialdemocracia alemana, los neokantianos (E. Bernstein, K. Schmidt y otros) revisaron la filosofía marxista, la teoría económica de Marx y su doctrina sobre la lucha de clases y la dictadura del proletariado. En Rusia, los representantes del neokantismo eran los «marxistas legales» (P. Struve, S. Bulgákov y otros).

Lenin demostró en sus trabajos filosóficos la hostilidad de la filosofía subjetivo-idealista de los neokantianos al conocimiento científico de la naturaleza y de la sociedad, desenmascaró su esencia de clase como una ideología burguesa.

[6] Véase el epílogo a la segunda edición del primer tomo de *El capital* de K. Marx.

Los profesores se ganaban su sueldo del Estado ajustando sus sistemas, tanto los idealistas como los «críticos», a la «filosofía» medieval imperante (es decir, a la teología), y los revisionistas se acercaban a ellos, esforzándose en hacer de la religión una «incumbencia privada», no en relación al Estado moderno, sino en relación al partido de la clase de vanguardia.

Huelga decir qué significación real de clase tenían semejantes «enmiendas» a Marx: la cosa es clara de por sí. Señalaremos solamente que Plejánov fue el único marxista dentro de la socialdemocracia internacional que hizo, desde el punto de vista del materialismo dialéctico consecuente, la crítica de aquellas increíbles necedades acumuladas por los revisionistas. Es tanto más necesario subrayar esto decididamente, por cuanto en nuestro tiempo se hacen tentativas profundamente erróneas para hacer pasar el viejo y reaccionario fárrago filosófico bajo el pabellón de la crítica del oportunismo táctico de Plejánov*.

---

* Véase el libro *Ensayos sobre la filosofía del marxismo* de Bogdánov, Bazárov y otros. Aquí no es lugar oportuno para analizar este libro, y, por el momento, tengo que limitarme a la declaración de que, no tardando, he de demostrar en una serie de artículos, o en un folleto especial, que *todo* lo que se dice en el texto sobre los revisionistas neokantianos guarda también relación, en sustancia, con estos «nuevos» revisionistas neohumistas y neoberkelianos[7].

[7] V. I. Lenin escribió poco tiempo después la obra *Materialismo y empiriocriticismo,* publicada en mayo de 1909, en la que hace una crítica demoledora de Bogdánov y otros revisionistas y de sus maestros filosóficos, Avenarius y Mach. La obra de Lenin constituye una defensa y desarrollo de los fundamentos teóricos del marxismo, una síntesis materialista de todas las conquistas de la ciencia, ante todo, de las ciencias naturales, en el periodo transcurrido desde la muerte de Engels hasta la aparición de dicha obra.

Pasando a la economía política hay que señalar, ante todo, que en este campo las «enmiendas» de los revisionistas eran muchísimo más multifacéticas y minuciosas; trataron de sugestionar al público con «nuevos datos del desarrollo económico». Decían que en el campo de la economía rural no se opera de ningún modo la concentración y el desplazamiento de la pequeña producción por la grande, y que en el comercio y en la industria se opera con extrema lentitud. Decían que, ahora, las crisis se han hecho más raras y más débiles, y que era probable que los *cartels* y los *trusts* diesen al capital la posibilidad de eliminar por completo las crisis. Decían que la «teoría de la bancarrota», hacia la cual marcha el capitalismo, es inconsistente a causa de la tendencia a suavizar y atenuar las contradicciones de clase. Decían, finalmente, que no estaría mal enmendar también la teoría del valor de Marx con arreglo a Böhm-Bawerk.

La lucha contra los revisionistas, en torno a estas cuestiones, sirvió para reavivar fecundamente el pensamiento teórico del socialismo internacional, al igual que, veinte años antes, había ocurrido con la polémica de Engels contra Dühring. Los argumentos de los revisionistas fueron analizados con hechos y cifras en la mano. Se demostró que los revisionistas embellecían sistemáticamente la pequeña producción actual. El hecho de la superioridad técnica y comercial de la gran *producción* sobre la pequeña no solo en la industria, sino también en la agricultura, está demostrado con datos irrefutables. Pero, en la agricultura, la producción mercantil está mucho menos desarrollada, y los estadísticos y economistas actuales no saben, por lo general, destacar aquellas ramas (y, a veces, incluso las operaciones) especiales de la agricultura que expresan cómo esta se ve englobada, progresivamente, en el *intercambio* de la economía mundial. La pequeña producción se sostiene sobre las ruinas de la economía natural, gracias al empeoramiento infinito de la alimentación, al hambre crónica, y la prolongación de la jornada de trabajo, al descenso de la calidad del ganado y del cuidado de este; en una palabra, gracias a aquellos mismos medios con que se sostuvo también la producción artesana contra la manufactura capitalista. Cada paso de avance de la ciencia y de la técnica mina, inevitable e inexorablemente, los cimientos de la pequeña producción en la sociedad capitalista. Y la tarea de la economía socialista consiste en investigar este proceso en todas sus formas, no pocas veces complejas e intrincadas, y demostrar al pequeño productor la imposibilidad de sostenerse, bajo el capitalismo, la situación desesperada de las haciendas campesinas en el régimen capitalista y la necesidad de que el campesino acepte el punto de vista del proletariado. Ante el problema que tratamos, los revisionistas cometieron, en el aspecto científico, el pecado de incurrir en una generalización superficial de algunos hechos unilateralmente desglosados, al margen de su conexión con todo el régimen del capitalismo, y, en el sentido político, cometieron el pecado de llamar o empujar inevitablemente al campesino, de modo voluntario o involuntario, al punto de vista del propietario (es decir, al punto de vista de la burguesía), en vez de empujarle al punto de vista del proletario revolucionario.

El revisionismo salió aún peor parado en cuanto a la teoría de las crisis y la teoría de la bancarrota. Solo durante un tiempo muy breve, y únicamente gentes muy miopes, podían pensar en modificar las bases de la doctrina de Marx bajo el influjo de unos cuantos años de auge y prosperidad industrial. Muy pronto, la realidad se encargó de demostrar a los revisionistas que las crisis no habían fenecido: tras la prosperidad, vino la crisis. Cambiaron las formas, la sucesión, el cuadro de las distintas crisis, pero estas seguían siendo parte integrante, inevitable, del régimen capitalista. Los *cartels* y los *trusts,* unificando la producción, reforzaron al mismo tiempo, a la vista de todos, la anarquía de la producción, la inseguridad económica del proletariado y la opresión del capital, agudizando de este modo, en un grado nunca visto, las contradicciones de clase. Que el capitalismo marcha hacia la bancarrota –tanto en el sentido de las crisis políticas y económicas aisladas, como en el sentido del completo hundimiento de todo el régimen capitalista– lo han venido a demostrar, de un modo bien palpable y en proporciones particularmente extensas, los modernos y gigantescos *trusts.* La reciente crisis financiera en Norteamérica, la espantosa agudización del paro en toda Europa; sin hablar de la próxima crisis industrial, de la que apuntan no pocos síntomas, todo ello ha hecho que las recientes «teorías» de los revisionistas hayan sido olvidadas por todos, incluso, al parecer, por muchos de ellos mismos. Lo que no se debe olvidar son las enseñanzas que esta inestabilidad de los intelectuales dio a la clase obrera.

En cuanto a la teoría del valor, solo es necesario decir que, aparte de alusiones y suspiros muy vagos, a la manera de Böhm-Bawerk, los revisionistas no aportaron aquí absolutamente nada ni dejaron, por tanto, ninguna huella en el desarrollo del pensamiento científico.

En el campo de la política, el revisionismo intentó revisar lo que realmente constituye la base del marxismo, o sea, la teoría de la lucha de clases. La libertad política, la democracia y el sufragio universal destruyen la base para la lucha de clases –nos decían los revisionistas– y dan un mentís a la vieja tesis del *Manifiesto comunista* de que los obreros no tienen patria. Puesto que en la democracia impera la «voluntad de la mayoría», no debemos ver en el Estado, según ellos, el órgano de la dominación de clase, ni negarnos a hacer alianzas con la burguesía progresista, socialreformista, contra los reaccionarios.

Es indiscutible que estas objeciones de los revisionistas se reducían a un sistema bastante armónico de concepciones, a saber: a las harto conocidas concepciones liberal-burguesas. Los liberales han dicho siempre que el parlamentarismo burgués suprime las clases y las diferencias de clase, ya que todos los ciudadanos sin excepción tienen derecho al voto y a intervenir en los asuntos del Estado. Toda la historia de Europa durante la segunda mitad del siglo XIX, y toda la historia de la Revolución rusa, a comienzos del siglo XX, enseñan palpablemente cuán absurdos son tales conceptos. Con las libertades del capitalismo «democrático», las diferencias económicas, lejos de atenuarse, se acentúan y se agudizan. El parlamentarismo no elimina, sino que pone al desnudo la esencia de las repúblicas burguesas más democráticas como órganos de opresión de clase. Ayudando a ilustrar y a organizar a masas de población incomparablemente más extensas que las que antes participaban de un modo activo en los acontecimientos políticos, el parlamentarismo prepara así no la supresión de las crisis y de las revoluciones políticas, sino la mayor agudización de la guerra civil durante estas revoluciones. Los acontecimientos de París, en la primavera de 1871, y los de Rusia, en el invierno de 1905, pusieron de manifiesto, con excepcional claridad, cuán inevitablemente se produce esta agudización. La burguesía francesa, para aplastar el movimiento proletario, no vaciló ni un segundo en pactar con el enemigo de toda la nación, con las tropas extranjeras que habían arruinado a su patria. Quien no comprenda la inevitable dialéctica interna del parlamentarismo y de la democracia burguesa, que conduce a solucionar la disputa por la violencia masiva de un modo todavía más tajante que en tiempos anteriores, jamás sabrá desarrollar, sobre la base de este parlamentarismo, una propaganda y una agitación consecuentes, desde el punto de vista de los principios, que preparen verdaderamente a las masas obreras para la participación victoriosa en tales «disputas». La experiencia de las alianzas, de los acuerdos, de los bloques con el liberalismo socialreformista, en la Europa Occidental, y con el reformismo liberal (demócratas-constitucionalistas)[8], en la revolución rusa, muestra de manera convincente que estos acuerdos no hacen más que embotar la conciencia de las masas, no reforzando, sino debilitando la significación real de su lucha, uniendo a los luchadores con los elementos menos capaces de luchar, con los elementos más vacilantes y traidores. El millerandismo francés[9] –la más grande experiencia de aplicación de la tác-

---

[8] *Demócratas-constitucionalistas:* miembros del Partido Demócrata Constitucionalista, partido dirigente de la burguesía liberal-monárquica de Rusia, fundado en octubre de 1905. Lo integraban elementos de la burguesía, terratenientes e intelectuales burgueses. Para engañar a las masas, los demócratas-constitucionalistas se denominaron hipócritamente «partido de la libertad del pueblo», aunque, de hecho, se limitaban a exigir la implantación de una monarquía constitucional. Después de la victoria de la Gran Revolución Socialista de Octubre, los demócratas-constitucionalistas actuaron como enemigos inconciliables del Poder soviético, participaron en todas las acciones armadas contrarrevolucionarias y cruzadas de los intervencionistas. Estando en la emigración, tras la derrota de los intervencionistas y guardias blancos, no cesaron su labor contrarrevolucionaria antisoviética.

[9] *Millerandismo:* corriente oportunista en la socialdemocracia; debe su nombre a A. Millerand, socialreformista francés, que en 1899 entró a formar parte del gobierno burgués reaccionario de Francia y apoyó su política antipopular.

Definiendo millerandismo como revisionismo y apostasía, Lenin señaló que, al formar parte de un gobierno burgués, los socialreformistas se convertían en un biombo para los capitalistas, en un instrumento de engaño de las masas por este gobierno.

tica política revisionista en una amplia escala, realmente nacional– nos ha dado una valoración práctica del revisionismo que el proletariado del mundo entero jamás olvidará.

El complemento natural de las tendencias económicas y
políticas del revisionismo era su actitud ante la meta final del
movimiento socialista. «El objetivo final no es nada; el movimiento lo es todo»: esta frase proverbial de Bernstein expresa la esencia del revisionismo mejor que muchas largas
disertaciones. Determinar el comportamiento de un caso
para otro, adaptarse a los acontecimientos del día, a los virajes de las minucias políticas, olvidar los intereses cardinales
del proletariado y los rasgos fundamentales de todo el régimen capitalista, de toda la evolución del capitalismo, sacrifi-
car estos intereses cardinales en aras de las ventajas reales o
supuestas del momento: esa es la política revisionista. Y de la
misma esencia de esta política se deduce, con toda evidencia,
que puede adoptar formas infinitamente diversas y que cada
problema un poco «nuevo», cada viraje un poco inesperado
e imprevisto de los acontecimientos –aunque este viraje solo
altere la línea fundamental del desarrollo en proporciones
mínimas y por el plazo más corto–, provocará siempre, inevitablemente, esta o la otra variedad de revisionismo.

El carácter inevitable del revisionismo está condicionado
por sus raíces de clase en la sociedad actual. El revisionismo
es un fenómeno internacional. Para ningún socialista un
poco enterado y reflexivo puede existir ni la más pequeña
duda de que la relación entre los ortodoxos[10] y los bernsteinianos en Alemania, entre los guesdistas y los jauresistas[11]

---

[10]   *Ortodoxos:* socialdemócratas alemanes que combatían la revisión del
marxismo.
[11]   *Guesdistas:* corriente revolucionaria marxista del movimiento socialista francés de finales del siglo XIX y comienzos del XX, encabezada por

(ahora, en particular, los broussistas[12]) en Francia, entre la Federación Socialdemócrata[13] y el Partido Laborista Inde-

---

J. Guesde y P. Lafargue. En 1901, los partidarios de la lucha de clases revolucionarias encabezados por J. Guesde formaron el Partido Socialista de Francia, cuyos miembros se llamaban guesdistas. En 1905, los guesdistas se unificaron con el Partido Socialista Francés de orientación reformista.

Jauresistas: partidarios de Jaures, socialista, que encabezó el ala derecha, reformista, del movimiento socialista francés. Encubriéndose con la exigencia de la «libertad de crítica», los jauresistas trataban de revisar las tesis fundamentales del marxismo y propugnaban la colaboración de clase del proletariado y la burguesía. En 1902, los jauresistas formaron el Partido Socialista Francés que mantuvo posiciones reformistas.

[12] *Broussistas* (este nombre se debe a P. Brousse) o *posibilistas,* corriente reformista pequeñoburguesa surgida en el movimiento socialista francés en los años 1880. Los posibilistas negaban el programa revolucionario y la táctica revolucionaria del proletariado, velaban los fines socialistas del movimiento obrero y proponían circunscribir la lucha de los obreros al marco de lo «posible», de donde procede su nombre de posibilistas.

Posteriormente, la mayoría de los posibilistas se fusionó con el Partido Socialista Francés de orientación reformista.

[13] *Federación Socialdemócrata de Inglaterra* (Social-Democratic Federation, SDF) se fundó en 1884. Además de reformistas (Hyndman y otros) y anarquistas, formaba parte de ella un grupo de socialdemócratas revolucionarios partidarios del marxismo (Harry Guebch, Tom Mann, Edward Aveling, Eleonora Marx y otros), que constituían el ala izquierda del movimiento socialista en Inglaterra. F. Engels criticó duramente a la Federación Socialdemócrata por su dogmatismo y sectarismo, por apartarse del movimiento obrero de masas de Inglaterra y hacer caso omiso de sus peculiaridades. La Federación Socialdemócrata de Inglaterra adoptó en 1907 el nombre de Partido Socialdemócrata. En 1911, este último formó conjuntamente con los elementos de izquierda del Partido Laborista Independiente, el Partido Socialista Británico; en 1920, este partido, así como el Grupo de la Unidad Comunista desempeñaron un papel principal en la fundación del Partido Comunista de Gran Bretaña.

pendiente[14] en Inglaterra, entre De Brouckère y Vandervelde en Bélgica, los integralistas[15] y los reformistas en Italia, los bolcheviques y los mencheviques[16] en Rusia, es, en todas

---

[14] *Partido Laborista Independiente de Inglaterra* (Independent Labour Party, ILP): organización reformista, fundada en 1893 en condiciones de una animación de la lucha huelguística y de vigorización del movimiento por la independencia de la clase obrera de Inglaterra respecto de los partidos burgueses. Integraron este partido miembros de las «nuevas tradeuniones» y de varios antiguos sindicatos y elementos de la intelectualidad y de la pequeña burguesía influenciados por los fabianos. El partido fue encabezado por Keir Hardie. El partido se planteaba en su programa luchar por la posesión colectiva de todos los medios de producción, distribución y cambio, por la jornada laboral de 8 horas, por la prohibición del trabajo de los menores, por la organización de los seguros sociales y por el pago de subsidios para los parados.

Desde su fundación, el ILP ocupó las posiciones burguesas y reformistas, prestando suma atención a las formas de lucha parlamentarias y las componendas parlamentarias con el partido liberal. Definiendo el ILP, Lenin decía que, «de hecho, era un partido oportunista que siempre dependía de la burguesía y que era "independiente" solo del socialismo, pero muy dependiente del liberalismo».

[15] *Integralistas:* corriente que existió en el Partido Socialista Italiano. Aunque representaban, en su conjunto, al socialismo pequeñoburgués, en la primera década del siglo xx, los integralistas lucharon en torno a una serie de cuestiones contra los reformistas, los cuales sustentaban posiciones oportunistas en extremo y colaboraban con la burguesía reaccionaria.

[16] *Mencheviques:* partidarios de la corriente oportunista pequeñoburguesa en la socialdemocracia rusa, vehículos de la influencia burguesa sobre la clase obrera. Los mencheviques recibieron esta denominación a partir del II Congreso del POSDR, celebrado en agosto de 1903, cuando al final del mismo, al ser elegidos los órganos centrales del partido, quedaron en minoría *(menshinstvó* en ruso), en tanto que los socialdemócratas revolucionarios, encabezados por Lenin, lograron la mayoría *(bolshinstvó).* Ese es el origen de las denominaciones «bolcheviques» (mayoritarios) y «mencheviques» (minoritarios). Estos últimos se pronunciaban por la conciliación del proletariado con la burguesía y mantenían una línea oportunista en el movimiento obrero.

partes, sustancialmente, una y la misma, pese a la gigantesca diversidad de las condiciones nacionales y de los factores históricos en la situación actual de todos estos países. La «división» en el seno del socialismo internacional contemporáneo se desarrolla ya, ahora, en los diversos países del mundo, esencialmente, en una *misma* línea, lo cual muestra el formidable paso adelante que se ha dado en comparación con lo que ocurría hace 30 o 40 años, cuando en los diversos países luchaban tendencias heterogéneas dentro del socialismo internacional único. Y ese «revisionismo de izquierda» que se perfila hoy en los países latinos con el nombre de «sindicalismo revolucionario»[17], se adapta también al marxismo «enmendándolo»: Labriola en Italia y Lagardelle en Francia apelan a cada paso, del Marx mal comprendido al Marx bien comprendido.

No podemos detenernos a examinar aquí el contenido ideológico de *este* revisionismo, que dista mucho de estar tan desarrollado como el revisionismo oportunista, y que no se ha internacionalizado, que no ha afrontado ni una

---

Después de la Revolución Socialista de Octubre, los mencheviques se agruparon en un partido abiertamente contrarrevolucionario organizado y participante de complots y levantamientos, con el fin de derrocar el Poder soviético.

[17] *«Sindicalismo revolucionario»:* corriente semianarquista pequeñoburguesa aparecida en el movimiento obrero de varios países de Europa Occidental a finales del siglo xix.

Los sindicalistas negaban la necesidad de la lucha política de la clase obrera, el papel dirigente del partido y la dictadura del proletariado. Consideraban que los sindicatos pueden, organizando la huelga general de los obreros, derrocar el capitalismo sin revolución y tomar en sus manos la dirección de la industria. Lenin señalaba que «el sindicalismo revolucionario en muchos países es el resultado directo e inevitable del oportunismo, del reformismo y el cretinismo parlamentario» (véase V. I. Lenin, *Obras,* 4.ª ed. en ruso, t. 13, p. 146).

sola batalla práctica importante con el partido socialista de ningún país. Por eso, nos limitaremos a ese «revisionismo de derecha», que hemos dejado esbozado más arriba.

¿En qué estriba su carácter inevitable en la sociedad capitalista? ¿Por qué es más profundo que las diferencias debidas a las particularidades nacionales y al grado de desarrollo del capitalismo? Porque en todo país capitalista existen siempre, al lado del proletariado, extensas capas de pequeña burguesía, de pequeños propietarios. El capitalismo ha nacido y sigue naciendo, constantemente, de la pequeña producción. El capitalismo crea de nuevo, infaliblemente, toda serie de «capas medias» (apéndice de las fábricas, trabajo a domicilio, pequeños talleres diseminados por todo el país en virtud de las exigencias de la gran industria, por ejemplo, de la industria de bicicletas y automóviles, etc.). Estos nuevos pequeños productores se ven nuevamente arrojados también; de modo no menos inevitable, a las filas del proletariado. Es perfectamente natural que la mentalidad pequeñoburguesa irrumpa de nuevo, una y otra vez, en las filas de los grandes partidos obreros. Es perfectamente natural que deba suceder así, y así sucederá siempre hasta llegar a las peripecias de la revolución proletaria, pues sería un profundo error pensar que es necesario que la mayoría de la población se proletarice «por completo» para que esa revolución sea realizable. Lo que hoy vivimos con frecuencia en un plano puramente ideológico: las disputas en torno a las enmiendas teóricas hechas a Marx, lo que hoy solo se manifiesta en la práctica a propósito de ciertos problemas parciales, aislados, del movimiento obrero, como discrepancias tácticas con los revisionistas y las escisiones sobre este terreno, lo tendrá que vivir sin falta la clase obrera, en proporciones incomparablemente mayores, cuando la revolución proletaria agudice todos los problemas en litigio y concentre todas las discrepancias en los puntos de importancia más inmediata para determinar la conducta de las masas, obligando a separar, en el fragor del combate, los enemigos de los amigos, a echar por la borda a los malos aliados, para asestar los golpes decisivos al enemigo.

La lucha ideológica del marxismo revolucionario contra el revisionismo, librada a finales del siglo XIX, no es más que el preludio de los grandes combates revolucionarios del proletariado, que, pese a todas las vacilaciones y debilidades de los filisteos, avanza hacia el triunfo completo de su causa.

Escrito en la segunda mitad de marzo,
(no más tarde del 3 [16] de abril de 1908)

Los partidos en filosofía y los filósofos acéfalos[1]

El genio de Marx y Engels consiste precisamente en que durante un periodo muy largo, de casi medio siglo, desarrollaron el materialismo, impulsaron una dirección fundamental de la filosofía y no se detuvieron a repetir las cuestiones gnoseológicas ya resueltas, sino que aplicaron consecuentemente y demostraron cómo debe aplicarse este mismo materialismo a las ciencias sociales, barriendo de un modo implacable, como si fueran inmundicias, los absurdos, el galimatías enfático y pretencioso, las innumerables tentativas de «descubrir» una «nueva» línea en filosofía, de inventar una «nueva» dirección, etc. El carácter verbal de semejantes intentos, el juego escolástico a nuevos «ismos» filosóficos, el oscurecimiento del fondo de la cuestión por medio de sutilezas rebuscadas, la incapacidad de comprender y de exponer con claridad la lucha de las dos direcciones fundamentales de la gnoseología: he aquí lo que Marx y Engels persiguieron y combatieron en el transcurso de toda su actividad.

Hemos dicho: casi medio siglo. En realidad, ya en 1843, cuando Marx no hacía más que empezar a ser Marx, es decir, el fundador del socialismo como ciencia, el fundador

---

[1] Este texto es el cuarto epígrafe del capítulo VI, «El empiriocriticismo y el materialismo histórico», del libro *Materialismo y empiriocriticismo*.

del materialismo contemporáneo, infinitamente más rico
en contenido e incomparablemente más consecuente que
todas las formas anteriores del materialismo, ya entonces
Marx bosquejó, con diafanidad sorprendente, las líneas
esenciales de la filosofía. K. Grün cita una carta de Marx a
Feuerbach, fechada el 20 de octubre de 1843, en la que
Marx invita a Feuerbach a que escriba en los *Anales Franco-
Alemanes* un artículo contra Schelling. El tal Schelling –escribe Marx– no es más que un fanfarrón que pretende abar-
car y sobrepasar todas las anteriores direcciones filosóficas.
«Schelling dice a los románticos y a los místicos franceses:
yo soy la síntesis de la filosofía y de la teología; a los materialistas franceses: yo soy la síntesis de la carne y de la idea;
a los escépticos franceses: yo soy el destructor del dogmatismo» *. Marx veía ya entonces que los «escépticos», llámen-
se partidarios de Hume o de Kant (o, en el siglo XX, de
Mach), se alzaban contra el «dogmatismo» tanto del materialismo como del idealismo y, sin dejarse distraer por nin-
guno de los mil miserables y pequeños sistemas filosóficos,
supo tomar directamente, a través de Feuerbach, el camino
del materialismo contra el idealismo. Treinta años más tarde, en el epílogo a la segunda edición del primer tomo de
El capital, oponía Marx, con la misma claridad y precisión,
su materialismo al idealismo de Hegel, es decir, al más consecuente y más desarrollado idealismo, descartando con
desprecio el «positivismo» de Comte y calificando de ruines
epígonos a los filósofos contemporáneos que creían haber
derribado a Hegel cuando, en realidad, no habían hecho

---

* Karl Grün, *Ludwig Feuerbach in seinem Briefwechsel und Nachlass
sowie in seiner philosophischen Charakterentwicklung* («Ludwig Feuerbach en su correspondencia y en su herencia literaria, así como en su
evolución filosófica»), t. I, Leipzig, 1874, p. 361.

más que repetir los errores anteriores a Hegel de Kant y de Hume. En una carta a Kugelmann, fechada el 27 de junio de 1870, trata Marx con igual desprecio a «Büchner, Lange, Dühring, Fechner y otros» por no haber sabido comprender la dialéctica de Hegel y por haberlo despreciado *. Ved, en fin, las diferentes observaciones filosóficas hechas por Marx en *El capital* y otras obras, y hallaréis en ellas, *invariable,* una misma idea fundamental: la afirmación continúa del *materialismo* y despectivas burlas contra todo oscurecimiento, contra toda confusión, contra todo retroceso hacia *el idealismo. Todas* las observaciones filosóficas de Marx gravitan en torno a estas dos principales tendencias opuestas, y la «estrechez» y el «carácter unilateral» de aquellas constituyen precisamente los defectos que la filosofía profesoral le reprocha. En realidad, semejante desprecio a los híbridos proyectos de conciliación entre el materialismo y el idealismo es el mayor de los méritos de Marx, que marchaba *hacia adelante,* siguiendo una senda filosófica claramente determinada.

Identificado absolutamente con el espíritu de Marx y en colaboración estrecha con él, Engels opone también, clara y brevemente, en todas sus obras filosóficas, y sobre *todas* las cuestiones, la línea materialista a la línea idealista, sin tomar

---

* En una carta del 13 de diciembre de 1870, Marx dijo del positivista Beesley: «como partidario de Comte, no puede por menos de recurrir a subterfugios ("crotchets") de toda especie». Comparad estas líneas con la apreciación de los positivistas a lo Huxley formulada por Engels[2] en 1892.

[2] Véase F. Engels, «Introducción a la edición inglesa» de la obra *Del socialismo utópico al socialismo científico* (K. Marx y F. Engels, *Obras Escogidas* t. II, pp. 88-133).

en serio, ni en 1878, ni en 1888, ni en 1892[3], los innumerables esfuerzos por «superar» el carácter «unilateral» del materialismo y del idealismo, por proclamar una *nueva* línea, ya sea «positivismo», «realismo» o cualquier otro charlatanismo profesoral. Toda la lucha contra Dühring la llevó a cabo Engels *por entero* bajo el lema de la aplicación consecuente del materialismo, acusando al materialista Dühring de enturbiar la esencia de la cuestión con palabras, de cultivar la verborrea, de usar unas formas de razonar que implican una concesión al idealismo, el paso a las posiciones del idealismo. O el materialismo consecuente hasta el fin, o las mentiras y la confusión del idealismo filosófico: tales como plantea Engels la cuestión *en cada parágrafo* del *Anti-Dühring,* y las personas de cerebro obstruido por la filosofía profesoral reaccionaria son las únicas que no han podido apercibirse de ello. Y hasta 1894, fecha en que escribió su último prólogo al *Anti-Dühring,* que acababa de revisar y completar por última vez, Engels, que continuaba estando al corriente de la nueva filosofía y de los nuevos progresos de las ciencias naturales, siguió insistiendo con igual resolución en sus claras y firmes posiciones, desechando la basura de los nuevos sistemas y sistemillas.

Por su *Ludwig Feuerbach,* se ve claramente que Engels estaba al corriente de la filosofía moderna. En el prólogo escrito en 1888, habla incluso de un fenómeno tal como el renacimiento de la filosofía clásica alemana en Inglaterra y Escandinavia, mientras que con respecto al neokantismo y a la doctrina de Hume en boga, Engels no tiene (tanto en el

---

[3] Lenin alude a las obras de F. Engels *Anti-Dühring* (1818), *Ludwig Feuerbach y el fin de la filosofía clásica alemana* (1888), «Introducción a la edición inglesa» (1892) del libro *Del socialismo utópico al socialismo científico.*

prólogo como en el texto mismo) otras palabras que las del más profundo de los desprecios. Es del todo evidente que Engels, al observar la repetición hecha por la filosofía alemana e inglesa *en moda* de los viejos errores anteriores a Hegel de las escuelas de Kant y Hume, estaba dispuesto a esperar algún bien incluso *de una vuelta a Hegel* (en Inglaterra y Escandinavia), confiando en que el gran idealista y dialéctico contribuiría a hacer ver los pequeños errores idealistas y metafísicos.

Absteniéndose de examinar la inmensa cantidad de matices del neokantismo en Alemania y de la doctrina de Hume en Inglaterra, Engels condena *desde el primer momento* su desviación fundamental del materialismo. Engels califica de *«retroceso científico» a toda la dirección* de una y otra escuela. ¿Cómo apreciaba la tendencia indiscutiblemente «positivista», desde el punto de vista de la habitual terminología, e indiscutiblemente «realista» de estos neokantianos y de estos humeanistas, entre los que no podía ignorar, por ejemplo, a Huxley? Engels consideraba *en el mejor de los casos* el «positivismo» y el «realismo», que sedujeron y aún seducen a un número infinito de confusionistas, *como un procedimiento filisteo de introducir subrepticiamente el materialismo,* ¡mientras que en público lo tiran por los suelos y reniegan de él! [4]. Basta reflexionar un segundo en *esta* apreciación formulada acerca de Huxley, aquel gran naturalista que era un realista incomparablemente más realista y un positivista incomparablemente más positivo que Mach, Avenarius y compañía, para comprender el desprecio que causaría a Engels el entusiasmo actual de un puñado de marxistas por el «novísimo positivismo» o el «novísimo realismo», etcétera.

---

[4] F. Engels, *Ludwig Feuerbach y el fin de la filosofía clásica alemana* (véase K. Marx y F. Engels, *Obras Escogidas*, t. II, p. 858).

Marx y Engels, que eran en filosofía, desde el principio hasta el fin, unos hombres de partido, supieron descubrir las desviaciones con respecto al materialismo y las condescendencias con el idealismo y el fideísmo en todas y cada una de las «novísimas» direcciones. Por eso, valoraban a Huxley *exclusivamente* desde el punto de vista de su firmeza con respecto al materialismo. Por eso, reprocharon a Feuerbach el no haber aplicado hasta sus últimas consecuencias el materialismo; el haber renunciado al materialismo a causa de los errores de ciertos materialistas; el haber combatido la religión para renovarla o para inventar otra, y el no haber sabido deshacerse en sociología de la fraseología idealista y llegar a ser materialista.

Febrero-octubre de 1908

Acerca de algunas particularidades del desarrollo histórico del marxismo[1]

Nuestra doctrina –dijo Engels en su nombre y en el de su ilustre amigo– no es un dogma, sino una guía para la acción. Esta tesis clásica subraya con notable vigor y fuerza de expresión un aspecto del marxismo que se pierde de vista con mucha frecuencia. Y al perderlo de vista, hacemos del marxismo una cosa unilateral, deforme, muerta, le arrancamos su alma viva, socavamos sus bases teóricas más hondas: la dialéctica, la doctrina del desarrollo histórico multilateral y pleno de contradicciones; quebrantamos su ligazón con las tareas prácticas determinadas de la época, que pueden cambiar con cada nuevo viraje de la historia.

Y precisamente en nuestros tiempos, entre quienes se interesan por los destinos del marxismo en Rusia se encuentran con particular frecuencia gentes que pierden de vista justamente ese aspecto del marxismo. Ahora bien, todos ven claro que estos últimos años Rusia ha sufrido cambios muy bruscos, que han modificado con rapidez y vigor extraordinarios la situación política y social, que es lo que determina de manera directa e inmediata las condiciones de la acción y, por consiguiente, las tareas de esta. No me refiero,

---

[1] Artículo publicado en 1910 en el número 2 de la revista *Zviezdá*.

claro, a las tareas generales y fundamentales, que no cambian con los virajes de la historia si no cambia la correlación fundamental entre las clases. Es de una evidencia absoluta que esa tendencia general de la evolución económica (y no solo económica) de Rusia no ha cambiado, supongamos, en estos seis últimos años, como no ha cambiado la correlación fundamental entre las distintas clases de la sociedad rusa.

Pero las tareas de la acción inmediata y directa han experimentado en este periodo un cambio muy profundo, por cuanto ha cambiado la situación política y social concreta; por *consiguiente,* también en el marxismo, como doctrina viva, *debían* de pasar a primer plano diversos aspectos suyos.

Para aclarar esta idea, observemos cuáles han sido los cambios concretos de la situación política y social en los últimos seis años. Ante nosotros se destacan enseguida los dos trienios en que se divide este periodo: uno, que termina hacia el verano de 1907; el otro, en el verano de 1910. El primer trienio se distingue, desde el punto de vista puramente teórico, por rápidos cambios en los rasgos fundamentales del régimen político de Rusia, con la particularidad de que la marcha de estos cambios fue muy desigual, la amplitud de las oscilaciones fue en ambos lados muy grande. La base económica y social de estos cambios de la «superestructura» fue la acción de *todas* las clases de la sociedad rusa en los terrenos *más diversos* (actividad en la Duma y fuera de la Duma, prensa, asociaciones, reuniones, etc.), una acción tan abierta, imponente y masiva como pocas veces registra la historia.

Por el contrario, el segundo trienio se distingue –repetimos que esta vez nos limitamos al punto de vista puramente teórico, «sociológico»– por una evolución tan lenta, que casi equivale al estancamiento. Ningún cambio más o menos apreciable en el régimen político. Ninguna o casi ninguna acción abierta y amplia de *las clases* en la mayoría de los «campos» en que durante el periodo precedente se desarrollaron esas acciones.

La semejanza de ambos periodos reside en que la evolución de Rusia ha sido en el curso del uno y del otro, como lo era anteriormente, una evolución capitalista. La contradicción que representa dicha evolución económica y la existencia de numerosas instituciones feudales, medievales, no desapareció, seguía en pie sin atenuarse, antes bien, agudizada por la inyección parcial de cierto contenido burgués a unas u otras instituciones.

La diferencia entre ambos periodos reside en que, durante el primero, en el proscenio de la acción histórica figuraba el problema de cuál iba a ser el resultado de los cambios rápidos y desiguales de que antes hablábamos. La esencia de esos cambios, en virtud del carácter capitalista de la evolución de Rusia, había de ser, necesariamente, burguesa. Pero hay burguesía y burguesía. La burguesía media y grande, partidaria de un liberalismo más o menos moderado, temía, por su propia posición de clase, los cambios bruscos y trataba de conservar restos considerables de las viejas instituciones, tanto en el régimen agrario como en la «superestructura» política. La pequeña burguesía rural, entrelazada con los campesinos que viven «de su trabajo», forzosamente debía aspirar a *otro género* de transformaciones burguesas, en las que quedase mucho menos sitio a las supervivencias medievales de toda clase. Los obreros asalariados, que mantenían una actitud consciente ante lo que ocurría a su alrededor, no podían por menos de adoptar una posición definida respecto a este choque de dos tendencias distintas, que, enmarcadas ambas en el régimen burgués, determinaban formas totalmente distintas de dicho régimen, una rapidez totalmente distinta en su desarrollo y una amplitud distinta de la esfera de sus influencias progresivas.

Así pues, la época del trienio pasado llevó a un primer plano en el marxismo no por casualidad, sino necesariamente, las cuestiones que se suelen llamar cuestiones de táctica. No hay nada más erróneo que la opinión de que las discusiones y divergencias en torno de ellas eran polémicas «de intelectuales», una «lucha por ganarse la influencia en el proletariado no maduro», que expresaban la «adaptación de los intelectuales al proletariado», como piensan los vejistas[2] de toda laya. Al contrario, precisamente porque esta clase había adquirido madurez, no pudo ver con indiferencia el choque de las dos tendencias distintas de todo el desarrollo burgués de Rusia, y los ideólogos de esta clase no pudieron por menos de exponer las fórmulas teóricas correspondientes (de manera directa o indirecta, como reflejo directo o inverso) a estas tendencias distintas.

En el segundo trienio, el choque de las tendencias distintas del desarrollo burgués de Rusia *no* figuraba en el orden del día, ya que *ambas* fueron aplastadas por los «zubri»[3], llevadas atrás, empujadas hacia adentro, acalladas durante cierto tiempo. Los ultrarreaccionarios medievales no solo han invadido por completo el proscenio, sino que han llenado los corazones de las más amplias capas de la sociedad burguesa de moral vejista, de un espíritu de abatimiento, de

---

[2] *Veji:* recopilación que contenía los artículos de destacados publicistas demócrata-constitucionalistas, representantes de la burguesía liberal contrarrevolucionaria. Apareció en Moscú en la primavera de 1909. En sus artículos sobre la intelectualidad rusa, los de *Veji* pretendían denigrar las tradiciones democrático-revolucionarias del movimiento liberador de Rusia, cubrieron de oprobio el movimiento revolucionario de 1905 y expresaban su agradecimiento al gobierno zarista porque, «con sus bayonetas y sus cárceles», había salvado a la burguesía «de la furia popular».

[3] *Zubri* [«bisontes»]: se llamaba en la literatura política rusa a los representantes de la reacción terrateniente más extremos.

defección. Subió a flote no el choque de los dos métodos de transformación de lo viejo, sino la pérdida de la fe en toda transformación, el espíritu de «sumisión», de «arrepentimiento», la pasión por las doctrinas antisociales, la moda del misticismo, etcétera.

Y este cambio sorprendentemente brusco no obedece a la casualidad ni es resultado de la sola presión «exterior». La época anterior había agitado tan profundamente a capas de la población apartadas de las cuestiones políticas, ajenas a ellas durante generaciones enteras, durante siglos, que se hizo natural e inevitable la «revisión de todos los valores», el nuevo estudio de los problemas fundamentales, el nuevo interés por la teoría, por sus principios, por su estudio desde las primeras nociones. Millones de seres, despertados de pronto de un largo sueño, colocados de súbito ante problemas importantísimos, no podían mantenerse mucho tiempo a esa altura, no podían avanzar sin interrupciones, sin retornar a las cuestiones elementales, sin una nueva preparación que les ayudara a «digerir» las enseñanzas, sin precedente por su valor, y a poner a una masa incomparablemente más amplia en condiciones de avanzar de nuevo, pero ya de un modo mucho más seguro, más consciente, con mayor confianza y con mayor consecuencia. La dialéctica del desarrollo histórico ha sido tal, que en el primer periodo estaba a la orden del día la realización de transformaciones inmediatas en todos los aspectos de la vida del país, y, en el segundo, el estudio de la experiencia adquirida, su asimilación por capas más amplias, su penetración, si se puede expresar así, en el subsuelo, en las filas atrasadas de las diferentes clases.

Precisamente porque el marxismo no es un dogma muerto, no es una doctrina acabada, terminada, inmutable, sino una guía viva para la acción, no podía por menos de reflejar en sí el cambio asombrosamente brusco de las condiciones de la vida social. El reflejo de ese cambio ha sido una profunda disgregación, la dispersión, vacilaciones de todo género, en una palabra, una crisis *interna* sumamente grave del marxismo. La resistencia decidida a esa disgregación, la lucha resuelta y tenaz en pro de los *fundamentos* del marxismo se ha puesto de nuevo en el orden del día. Capas extraordinariamente amplias de las clases que no pueden prescindir del marxismo al formular sus tareas, lo habían asimilado en la época precedente de un modo extremadamente unilateral, deforme, aprendiéndose de memoria unas u otras «consignas», unas u otras soluciones a los problemas tácticos y *sin comprender* los criterios marxistas que permiten valorar esas soluciones. La «revisión de todos los valores» en las diversas esferas de la vida social ha conducido a la «revisión» de los fundamentos filosóficos más abstractos y generales del marxismo. La influencia de los matices idealistas más diversos de la filosofía burguesa se deja sentir entre los marxistas en forma de epidemia machista. La repetición de «consignas» aprendidas de memoria, pero no comprendidas ni meditadas, ha conducido a una amplia difusión de la fraseología huera, concretada de hecho en tendencias que no tienen nada de marxistas, en tendencias pequeñoburguesas como el «otzovismo»[4] abierto o tímido, o como el reconocimiento del «otzovismo» en calidad de «matiz legítimo» del marxismo.

Por otra parte, el espíritu vejista, el espíritu de defección, que abarcaba a las más amplias capas de la burguesía, ha

---

[4] *Otzovismo,* de la palabra «otosvat» [«revocar», «retirar»]: se trata de una corriente oportunista surgida entre una parte de los bolcheviques (Bogdánov, Aléxinski, Lwiacharski y otros), después de la derrota de la revolución de 1905-1907. Los otzovistas luchaban contra la utilización de las formas legales de lucha, exigían la retirada de los diputados socialdemócratas de la Duma de Estado, renunciaban a la labor en los sindicatos y otras organizaciones legales de los trabajadores.

penetrado también en la tendencia que trata de encuadrar la teoría y la labor práctica marxistas en el cauce de «la moderación y el orden». Del marxismo no queda ya más que la fraseología con que se revisten esas consideraciones acerca de la «jerarquía», la «hegemonía», etc., impregnadas por completo de espíritu liberal.

El análisis de esas consideraciones no puede entrar, naturalmente, en el presente artículo. Basta con mencionarlas para ilustrar la profundidad de la crisis que atraviesa el marxismo, de la que antes hablábamos, y su relación con toda la situación económica y social del periodo que vivimos. No es posible sustraerse a los problemas que esta crisis plantea. No hay nada más nocivo, más falto de principios que tratar de eludirlos valiéndose de frases. No hay nada más importante que la cohesión de *todos* los marxistas conscientes de la profundidad de la crisis y de la necesidad de combatirla para salvaguardar los fundamentos teóricos del marxismo y sus tesis básicas, desfiguradas desde los lados más opuestos al extenderse la influencia burguesa entre los diversos «compañeros de viaje» del marxismo.

El trienio precedente ha elevado a la participación consciente en la vida social a capas tan amplias, que son muchos los que, por vez primera, empiezan ahora a conocer debidamente el marxismo. La prensa burguesa fomenta en este sentido mucho más que antes los errores y los difunde mucho más ampliamente. La disgregación en el marxismo es particularmente peligrosa en estas condiciones. Por eso, comprender los motivos que hacen inevitable esa disgregación en los tiempos que vivimos y unirnos para combatirla consecuentemente es, para los marxistas, en el sentido más directo y exacto de la palabra, la tarea de la época.

Diciembre de 1910

Vicisitudes históricas de la doctrina de Karl Marx[1]

Lo fundamental en la doctrina de Marx es el esclarecimiento del papel histórico-universal del proletariado como creador de la sociedad socialista. ¿Ha confirmado el curso de los acontecimientos producidos en el mundo entero esta doctrina, después de haber sido expuesta por Marx?

Marx la formuló por vez primera en 1844. En el *Manifiesto comunista* de Marx y Engels, publicado en 1848, se contiene ya una exposición íntegra, sistemática, todavía no superada hasta hoy, de esta doctrina. Desde aquel entonces, la historia universal se divide claramente en tres periodos fundamentales: 1) desde la Revolución de 1848 hasta la Comuna de París (1871); 2) desde la Comuna de París hasta la Revolución rusa (1905); 3) desde la revolución rusa hasta hoy. Echemos una ojeada a las vicisitudes de la doctrina de Marx en cada uno de estos periodos.

I

En los comienzos del primer periodo, la doctrina de Marx no era, ni mucho menos, la imperante. Era solamente

---

[1] V. I. Lenin escribió este artículo con motivo del 30 aniversario de la muerte de este.

una de las fracciones o corrientes extraordinariamente numerosas del socialismo. Imperaban aquellas formas de socialismo que, en lo fundamental, eran afines a nuestro populismo: incomprensión de la base materialista del movimiento histórico, incapacidad para discernir el papel y la significación de cada clase de la sociedad capitalista, encubrimiento de la esencia burguesa de las reformas democráticas bajo diversas frases seudosocialistas acerca del «pueblo», la «justicia», el «derecho», etcétera.

La Revolución de 1848 asesta un golpe mortal a todas estas formas ruidosas, abigarradas y chillonas del socialismo *pre*marxista. En todos los países la revolución muestra, *en acción,* las distintas clases de la sociedad. La matanza de obreros realizada por la burguesía republicana en París, en las jornadas de junio de 1848, demuestra rotundamente que *solo* el proletariado es socialista por su naturaleza. La burguesía liberal teme cien veces más a la independencia de esta clase que a cualquier reacción, sea la que sea. El cobarde liberalismo se arrastra a sus pies. Los campesinos se contentan con la abolición de los restos del feudalismo y se pasan al lado del orden, y solo aquí y allá oscilan entre *la democracia obrera y el liberalismo burgués.* Toda doctrina sobre un socialismo que *no* es de clase y sobre una política que *no* es de clase, se acredita como un simple absurdo.

La Comuna de París (1871) corona este desarrollo de reformas burguesas; solo al heroísmo del proletariado debe su afianzamiento la república, es decir, aquella forma de organización del Estado en que las relaciones de clase se manifiestan de la manera menos velada.

En todos los demás países europeos, el desarrollo, más confuso y menos acabado, conduce a esa misma sociedad burguesa ya constituida. A finales del primer periodo (1848-1871), periodo de tormentas y revoluciones, el socialismo premarxista *se extingue.* Nacen los partidos *proletarios* independientes: la Primera Internacional (1864-1872) y la socialdemocracia alemana.

II

El segundo periodo (1872-1904) se distingue del primero por su carácter «pacífico», por la ausencia de revoluciones. En Occidente, las revoluciones burguesas han terminado. Oriente aún no está maduro para ellas.

Occidente entra en la etapa de preparación «pacífica» para la época de las futuras transformaciones. En todas partes van formándose partidos socialistas, proletarios por su base, que aprenden a utilizar el parlamentarismo burgués, a crear su prensa diaria, sus instituciones culturales, sus sindicatos, sus cooperativas. La doctrina de Marx obtiene un triunfo completo y *se va extendiendo.* Lenta pero inflexiblemente avanza el proceso de selección y concentración de las fuerzas del proletariado, de preparación de este para las batallas futuras.

La dialéctica de la historia hace que el triunfo teórico del marxismo obligue a sus enemigos a *disfrazarse* de marxistas. El liberalismo, interiormente podrido, intenta revivir bajo la forma de *oportunismo* socialista. El periodo de preparación de las fuerzas para las grandes batallas es interpretado por ellos en el sentido de renuncia a estas batallas. Explican la mejora de la situación de los esclavos para la lucha contra la esclavitud asalariada, en el sentido de que los esclavos pueden vender por unos céntimos su derecho a la libertad. Predican cobardemente la «paz social» (o sea, la paz con los esclavistas), la renuncia a la lucha de clases, etc. Tienen muchísimos partidarios entre los socialistas parlamentarios, en-

tre diversos funcionarios del movimiento obrero y los intelectuales «simpatizantes».

III

Aún no habían tenido tiempo los oportunistas de jactar-
se lo suficientemente de la «paz social» y de lo innecesario
de las tormentas bajo la «democracia», cuando se abrió en
Asia una nueva fuente de formidables tormentas mundiales.
A la Revolución rusa siguieron las revoluciones turca, persa
y china. Hoy vivimos precisamente en la época de estas tormentas y de su «contrarrepercusión» en Europa. Cualquiera
que sea la suerte de la gran República China, a la vista de la
cual afilan hoy los colmillos distintas hienas «civilizadas»,
no habrá en el mundo fuerza capaz de restaurar en Asia la
vieja servidumbre de la gleba, de barrer de la faz de la tierra
el heroico democratismo de las masas populares de los países asiáticos y semiasiáticos.

Las prolongadas dilaciones de la lucha decisiva contra el
capitalismo en Europa llevaron a la desesperación y al anarquismo a algunas gentes desatentas de las condiciones de
preparación y desarrollo de la lucha de masas. Hoy vemos
cuán miope y pusilánime es la desesperación anarquista.

No es desesperación, sino entusiasmo lo que debe inspi-
rar el hecho de que los ochocientos millones de habitantes
de Asia se hayan incorporado a la lucha por los mismos
ideales europeos.

Las revoluciones asiáticas han puesto de manifiesto la
misma falta de carácter y la misma infamia del liberalismo,
la misma significación excepcional de la independencia de
las masas democráticas, el mismo deslindamiento explícito
entre el proletariado y toda suerte de burguesía. Quien, des-

pués de la experiencia de Europa y de Asia, hable de una política que *no* sea de clase y de un socialismo que *no* sea de clase, merece, simplemente, que se le meta en una jaula y se le exhiba al lado de algún canguro australiano.

Tras Asia ha comenzado a agitarse también –pero no al modo asiático– Europa. El periodo «pacífico» de 1872-1904 ha pasado irrevocablemente a la historia. La carestía de la vida y la opresión de los *trusts* provocan un exacerbamiento sin precedente de la lucha económica, poniendo en movimiento hasta a los obreros ingleses, los más corrompidos por el liberalismo. A nuestros ojos madura la crisis política hasta en el más «pétreo» país de los burgueses y los *junkers:* en Alemania. La rabiosa carrera armamentista y la política del imperialismo envuelven a la Europa actual en una «paz social» que se parece más bien a un barril de pólvora. Mientras tanto, la descomposición de *todos* los partidos burgueses y el proceso de maduración del proletariado siguen su curso incontenible.

Desde la aparición del marxismo, cada una de las tres grandes épocas de la historia universal ha venido a comprobarlo de nuevo y le ha dado nuevos triunfos. Pero aún será mayor el triunfo que habrá de aportar al marxismo, como doctrina del proletariado, la época histórica que se avecina.

Marzo de 1913

La revolución socialista y el derecho de las naciones a la autodeterminación[1]

1. El imperialismo, el socialismo y la liberación de las naciones oprimidas

El imperialismo es la fase superior del desarrollo del capitalismo. En los países avanzados, el capital ha rebasado el marco de los Estados nacionales, ha sustituido la competencia con el monopolio, creando todas las premisas objetivas de la realización del socialismo. Por eso, en Europa Occidental y en Estados Unidos está planteada en el orden del día la lucha revolucionaria del proletariado por el derrocamiento de los gobiernos capitalistas, por la expropiación de la burguesía. El imperialismo empuja a las masas a esa lucha al exacerbar en proporciones inmensas las contradicciones de clase, al empeorar la situación de las masas tanto en lo económico –*trusts,* carestía– como en lo político: crecimiento del militarismo, mayor frecuencia de las guerras, recrudescencia de la reacción, afianzamiento y ampliación del yugo nacional y del saqueo colonial. El socialismo triunfante debe implantar necesariamente la democracia com-

---

[1] Artículo publicado en el número 2 de la revista *Vorvote* (1916).

pleta y, por consiguiente, no solo hacer efectiva la plena igualdad de derechos de las naciones, sino también convertir en realidad el derecho de autodeterminación de las naciones oprimidas, es decir, el derecho de libre separación política. Los partidos socialistas que no demuestren con toda su actividad tanto hoy como durante la revolución y después de triunfar esta que liberarán a las naciones oprimidas y establecerán con ellas relaciones basadas en la libre alianza —y la libre alianza no es más que una fase embustera sin la libertad de separación—, esos partidos cometerán una traición al socialismo.

Claro está que la democracia es también una forma del Estado que deberá desaparecer junto con él, pero eso ocurrirá solo cuando se pase del socialismo, definitivamente vencedor y consolidado, al comunismo completo.

2. La revolución socialista y la lucha por la democracia

La revolución socialista no es un acto único, no es una batalla en un solo frente, sino toda una época de exacerbados conflictos de clases, una larga serie de batallas en todos los frentes, es decir, en todas las cuestiones de la economía y de la política, que pueden culminar únicamente en la expropiación de la burguesía. Constituiría un profundísimo error pensar que la lucha por la democracia puede apartar al proletariado de la revolución socialista, atenuarla o velarla, etc. Al contrario, de la misma manera que es imposible un socialismo triunfante que no implante la democracia completa, es imposible también que se prepare para la victoria sobre la burguesía un proletariado que no sostenga una lucha múltiple, consecuente y revolucionaria por la democracia.

No menos erróneo sería eliminar uno de los puntos del programa democrático, la autodeterminación de las naciones, por ejemplo, basándose en el supuesto de que es «irrealizable» o «ilusoria» en el imperialismo. La afirmación de que el derecho de las naciones a la autodeterminación es irrealizable en el marco del capitalismo puede ser comprendida en un sentido absoluto, económico, o en un sentido relativo, político.

En el primer caso es profundamente errónea desde el punto de vista teórico. En primer lugar, en ese sentido son irrealizables en el capitalismo, por ejemplo, los bonos de trabajo o la abolición de las crisis, etc. Es completamente equivocado que sea irrealizable de la *misma manera* la autodeterminación de las naciones. En segundo lugar, incluso el solo ejemplo de la separación de Noruega de Suecia en 1905 basta para refutar la «irrealizabilidad» en este sentido. En tercer lugar, sería ridículo negar que con un pequeño cambio de las relaciones políticas y estratégicas, por ejemplo, de Alemania e Inglaterra, hoy o mañana es plenamente «realizable» la formación de nuevos Estados: polaco, hindú, etc. En cuarto lugar, el capital financiero en sus afanes de expansión, comprará y sobornará «libremente» al Gobierno más republicano, más libre y más democrático y a los funcionarios electivos de cualquier país, aunque sea «independiente». El dominio del capital financiero, como el del capital en general, no puede ser eliminado por *ninguna* transformación en el terreno de la democracia política; y la autodeterminación corresponde íntegra y exclusivamente a este terreno. Pero ese dominio del capital financiero no anula en lo más mínimo la importancia de la democracia política como una *forma más* libre, amplia y clara de la opresión de clase y de la lucha de clases. Por eso, todos los razonamientos acerca de que, bajo el capitalismo, es «irrealizable» en el sentido económico una de las reivindicaciones de la democracia política entraña una definición errónea, desde el punto de vista teórico, de las relaciones generales y fundamentales existentes entre el capitalismo y la democracia política en general.

En el segundo caso, esa afirmación es incompleta e inexacta. Porque no solo el derecho de las naciones a la autodeterminación, sino todas las reivindicaciones básicas de la democracia política son «realizables» en el imperialismo únicamente de modo incompleto, desfigurado y a título de rara excepción (por ejemplo, la separación de Noruega de Suecia en 1905). La reivindicación de liberación inmediata de las colonias, propugnada por todos los socialdemócratas revolucionarios, es también «irrealizable» en el capitalismo sin una serie de revoluciones. Mas de ello no se deduce, en modo alguno, que la socialdemocracia deba renunciar a la lucha inmediata y más decidida por *todas* esas reivindicaciones (semejante renuncia no sería más que hacer el juego a la burguesía y a la reacción), sino precisamente lo contrario: la necesidad de formular y satisfacer todas esas reivindicaciones no de modo reformista, sino revolucionario; no limitándose al marco de la legalidad burguesa, sino rompiéndolo; no dándose por satisfechos con discursos parlamentarios y protestas verbales, sino arrastrando a las masas a la lucha activa, ampliando y atizando la lucha por toda reivindicación democrática fundamental hasta llegar al ataque directo del proletariado a la burguesía, es decir, a la revolución socialista, que expropia a la burguesía. La revolución socialista puede estallar no solo con motivo de una gran huelga, o de una manifestación callejera, o de un motín de hambrientos, o de una sublevación militar, o de una insurrección colonial, sino también con motivo de cualquier crisis política, como el asunto Dreyfus[2], o el incidente de Saverne[3], o de un referéndum en torno a la separación de naciones oprimidas, etcétera.

La recrudescencia de la opresión nacional en el imperialismo hace necesario para la socialdemocracia no renunciar a la lucha «utópica», como la califica la burguesía, por la libertad de separación de las naciones, sino, al contrario, utilizar enérgicamente los conflictos que surgen *también* en este terreno como pretextos para la acción de masas y los movimientos revolucionarios contra la burguesía.

---

[2] *Asunto Dreyfus:* proceso provocador urdido en 1894 por los círculos reaccionarios monárquicos de la camarilla militar francesa contra Dreyfus, oficial hebreo del Estado Mayor, acusado falsamente de espionaje y traición a la patria. Dreyfus fue condenado por un Consejo de Guerra a cadena perpetua. Esta sentencia, inspirada por la camarilla militar, sirvió de pretexto a los medios reaccionarios de Francia para atizar el antisemitismo y desplegar la ofensiva contra el régimen republicano y las libertades democráticas. En 1898, cuando los socialistas y los demócratas burgueses avanzados (entre los que figuraban É. Zola, J. Jaurès, A. France y otros) desplegaron una campaña en pro de la revisión del proceso de Dreyfus, esta campaña adquirió un carácter claramente político y dividió el país en dos campos: los republicanos y demócratas, de un lado, y el bloque de los monárquicos, clericales, antisemitas y nacionalistas, de otro. En 1899, bajo la presión de la opinión pública, Dreyfus fue puesto en libertad y en 1906 rehabilitado.

[3] *Incidente de Saverne:* ocurrió en la ciudad del mismo nombre (Alsacia) en noviembre de 1918. El motivo fue la grosera ofensa a los alsacianos por un oficial prusiano lo que produjo un estallido de indignación de la población local, preferentemente francesa, contra el yugo de la camarilla militar prusiana.

3. El significado del derecho de autodeterminación y su relación con la federación

El derecho de autodeterminación de las naciones significa exclusivamente el derecho a la independencia en el sentido político, a la libre separación política de la nación opresora. Concretamente, esta reivindicación de la democracia política significa la plena libertad de agitación en pro de la separación y de que esta sea decidida por medio de un referéndum de la nación que desea separarse. Por tanto, esta reivindicación no equivale en absoluto a la de separación, fraccionamiento o formación de Estados pequeños. No es más que una expresión consecuente de la lucha contra toda opresión nacional. Cuanto más se acerque el régimen democrático del Estado a la plena libertad de separación, más débiles y raras serán en la práctica las aspiraciones de separación, pues son indudables las ventajas de los Estados grandes, tanto desde el punto de vista del progreso económico como desde el punto de vista de los intereses de las masas, con la particularidad de que esas ventajas crecen sin cesar al mismo tiempo que el capitalismo. El reconocimiento de la autodeterminación no equivale al reconocimiento de la federación como principio. Se puede ser enemigo decidido de este principio y partidario del centralismo democrático, preferir la federación a la desigualdad nacional, viendo en aquella el único camino capaz de conducir al pleno centralismo democrático. Precisamente desde este punto de vista, Marx, que era centralista, prefería incluso la federación de Irlanda con Inglaterra al sometimiento violento de Irlanda por los ingleses.

El objetivo del socialismo no consiste solo en acabar con el fraccionamiento de la humanidad en Estados pequeños y con todo aislamiento de las naciones, no consiste solo en acercar a las naciones, sino también en fundirlas. Y precisamente para alcanzar este objetivo, debemos, de una parte, explicar a las masas el carácter reaccionario de la idea de C. Renner y O. Bauer sobre la llamada «autonomía nacional-cultural»[4] y, de otra parte, reclamar la liberación de las naciones oprimidas no con vagas frases generales, no con declaraciones hueras, no «aplazando» la cuestión hasta el socialismo, sino en un programa político formulado con claridad y exactitud, que tenga en cuenta especialmente la hipocresía y la cobardía de los socialistas de las naciones opresoras. De la misma manera que la humanidad podrá llegar a la destrucción de las clases solo a través del periodo de transición que significa la dictadura de la clase oprimida, de esa misma manera, la humanidad podrá llegar a la ineluctable fusión de las naciones solo a través del periodo de transición que significa la emancipación completa de todas las naciones oprimidas, es decir, su libertad de separación.

---

[4] *Autonomía nacional-cultural:* programa oportunista en la cuestión nacional, presentado en los años 1890 por los social-demócratas austriacos O. Bauer y C. Renner. La esencia de este programa consistía en que, independientemente de la parte del país donde viviera, la gente de la misma nacionalidad del país dado formaba la unión nacional autónoma a cuya administración el Estado entregaba todos los asuntos de la enseñanza (escuelas especiales para niños de diferentes nacionalidades) y otras ramas de ilustración y cultura. En caso de ser realizado, este programa conduciría al reforzamiento de la influencia del clero y de la ideología reaccionaria en el seno de cada grupo nacional y dificultaría la organización de la clase obrera, ahondando la división de los obreros según el índice nacional.

En varios artículos suyos, Lenin sometió a una dura crítica la consigna de la autonomía nacional-cultural, señalando que esta se apoyaba en la idea «burguesa por completo y falsa por completo», o sea, la idea de «dividir firme y sólidamente todas las naciones entre sí mediante una institución estatal especial».

4. El planteamiento revolucionario proletario del problema de la autodeterminación de las naciones

Tanto la reivindicación de autodeterminación de las naciones como todos los puntos de nuestro programa mínimo democrático fueron planteados ya antes, en los siglos XVII y XVIII, por la pequeña burguesía. Y la pequeña burguesía sigue planteando utópicamente todos esos puntos, sin ver la lucha de clases y su intensificación con la democracia, confiando en el capitalismo «pacífico». Así es, precisamente, la utopía de la alianza pacífica de las naciones iguales en derechos bajo el imperialismo, utopía que defienden los kautskianos y que engaña al pueblo. En contraposición a esta utopía pequeñoburguesa, oportunista, el programa de la socialdemocracia debe presentar como lo fundamental, como lo más esencial e inevitable bajo el imperialismo, la división de las naciones en opresoras y oprimidas.

El proletariado de las naciones opresoras no puede limitarse a frases generales y estereotipadas, repetidas por cualquier burgués pacifista, contra las anexiones y en favor de la igualdad de derechos de las naciones en abstracto. El proletariado no puede guardar silencio acerca de la cuestión, particularmente «desagradable» para la burguesía imperialista, de las fronteras del Estado basado en la opresión nacional. El proletariado no puede dejar de luchar contra la retención violenta de las naciones oprimidas dentro de las fronteras de un Estado dado, y eso significa luchar por el derecho a la autodeterminación. El proletariado debe reivindicar la libertad de separación política para las colonias y naciones oprimidas por «su» nación. En caso contrario, el internacionalismo del proletariado quedará en un concepto huero y verbal; resultarán imposibles la confianza

y la solidaridad de clase entre los obreros de la nación oprimida y los de la nación opresora; quedará sin desenmasca-
rar la hipocresía de los defensores reformistas y kautskianos
de la autodeterminación, que no hablan de las naciones
oprimidas por «su propia» nación y retenidas por la violencia en «su propio» Estado.

Por otra parte, los socialistas de las naciones oprimidas
deben defender y aplicar especialmente la unidad total y
absoluta, incluyendo la unidad orgánica, entre los obreros
de la nación oprimida y los de la nación opresora. De otro
modo, con todas las maniobras; traiciones y trampas de la
burguesía, resultaría imposible defender la política independiente del proletariado y su solidaridad de clase con el
proletariado de otros países, ya que la burguesía de las naciones oprimidas convierte constantemente las consignas de
liberación nacional en un engaño para los obreros: en la
política interior, utiliza estas consignas para concluir acuerdos reaccionarios con la burguesía de las naciones dominantes (por ejemplo, los polacos en Austria y Rusia, que se con-
fabulan con la reacción para oprimir a los hebreos y a los
ucranianos); en la política exterior trata de lograr componendas con una de las potencias imperialistas competidoras
a fin de realizar sus objetivos de rapiña (la política de los
Estados pequeños en los Balcanes, etcétera).

La circunstancia de que la lucha por la libertad nacional
contra una potencia imperialista pueda ser aprovechada, en
determinadas condiciones, por otra «gran» potencia para
conseguir fines igualmente imperialistas no puede obligar a
la socialdemocracia a renunciar al reconocimiento del derecho de las naciones a la autodeterminación, de la misma
manera que los repetidos casos de utilización de las consignas republicanas por la burguesía con fines de fraude político y de saqueo financiero (por ejemplo, en los países lati-

nos) no pueden obligar a los socialdemócratas a renunciar a su republicanismo*.

Enero-febrero de 1916

---

* Huelga decir que sería el colmo del ridículo rechazar el derecho de autodeterminación debido a que de él se desprende, supuestamente, la «defensa de la patria». Con la misma razón –es decir, con la misma falta de seriedad–, los socialchovinistas invocan en 1914-1916 para justificar la «defensa de la patria» cualquier reivindicación de la democracia (por ejemplo, su republicanismo) y cualquier fórmula de la lucha contra la opresión nacional. El marxismo deduce el reconocimiento de la defensa de la patria en las guerras de la gran Revolución francesa, por ejemplo, o en las guerras de Garibaldi, en Europa, así como la negación de la defensa de la patria en la guerra imperialista de 1914-1916, del análisis de las particularidades históricas concretas de cada guerra, y en modo alguno de cualquier «principio general», de cualquier punto aislado del programa.

Las bases económicas de la extinción del Estado[1]

La explicación más detallada de esta cuestión nos la da Marx en su *Crítica del Programa de Gotha* (carta a Bracke, del 5 de mayo de 1875, que no fue publicada hasta 1891 en la revista *Neue Zeit,* IX/1, y que apareció en ruso en un folleto). La parte polémica de esta notable obra, consistente en la crítica del lassalleanismo[2], ha dejado en la sombra, por decirlo así, su parte positiva, a saber: el análisis de la conexión existente entre el desarrollo del comunismo y la extinción del Estado.

---

[1] Este texto incluye los tres primeros epígrafes del capítulo V del libro *El Estado y la Revolución.*

[2] *Lassalleanos:* partidarios y discípulos del socialista pequeñoburgués alemán F. Lassalle, miembros de la Unión General Obrera Alemana, fundada en 1863. Su primer presidente fue Lassalle, el cual formuló el programa y las bases de la táctica de la Unión. La lucha por el sufragio universal constituía el programa político de la Unión. Lassalle consideraba posible utilizar el Estado prusiano para resolver el problema social mediante la fundación de asociaciones obreras de producción, financiadas por el Estado. Según Marx, Lassalle propugnaba «un socialismo gubernamental monárquico-prusiano». F. Engels criticó reiterada y acerbamente la teoría, la táctica y los principios de organización del lassalleanismo como corriente oportunista en el movimiento obrero alemán.

1. Planteamiento de la cuestión por Marx

Si se compara superficialmente la carta de Marx a Bracke del 5 de mayo de 1875 con la de Engels a Bebel del 28 de marzo de 1875, examinada más arriba, podrá parecer que Marx es mucho más «partidario del Estado» que Engels, y que entre las concepciones de ambos escritores acerca del Estado media una diferencia muy considerable.

Engels aconseja a Bebel lanzar por la borda toda la charlatanería sobre el Estado y borrar completamente del programa la palabra Estado, sustituyéndola por la de «comunidad». Engels llega incluso a declarar que la Comuna no era ya un Estado en el verdadero sentido de la palabra. En cambio, Marx habla incluso del «Estado futuro de la sociedad comunista», es decir, reconoce, al parecer, la necesidad del Estado hasta bajo el comunismo.

Pero semejante criterio sería profundamente erróneo. Examinándolo con mayor atención, vemos que las concepciones de Marx y de Engels sobre el Estado y su extinción coinciden en absoluto, y que la citada expresión de Marx se refiere precisamente al Estado *en extinción.*

Es evidente que no puede hablarse siquiera de determinar el momento de la «extinción» *futura,* tanto más que se trata, a ciencia cierta, de un proceso largo. La aparente diferencia entre Marx y Engels se explica por la diferencia de los temas que abordaban y de los objetivos que perseguían. Engels se planteó la tarea de mostrar a Bebel de un modo palmario y tajante, a grandes rasgos, todo el absurdo de los prejuicios en boga (compartidos en grado considerable por Lassalle) acerca del Estado. Marx solo toca de paso *esta* cuestión interesándose por otro tema: el *desarrollo* de la sociedad comunista.

Toda la teoría de Marx es la aplicación de la teoría del desarrollo –en su forma más consecuente, más completa, más meditada y más rica de contenido– al capitalismo moderno. Era natural que a Marx se le plantease, por tanto, la cuestión de aplicar esta teoría también a la *inminente* bancarrota del capitalismo y al desarrollo *futuro* del comunismo *futuro*.

Ahora bien, ¿a base de qué *datos* se puede plantear la cuestión del desarrollo futuro del comunismo futuro?

A base de que el comunismo *procede* del capitalismo, se desarrolla históricamente del capitalismo, es el resultado de la acción de una fuerza social *engendrada* por el capitalismo. En Marx no encontramos el más leve intento de fabricar utopías, de hacer conjeturas vanas respecto a cosas que no es posible conocer. Marx plantea la cuestión del comunismo como el naturalista plantearía, por ejemplo, la del desarrollo de una nueva especie biológica, sabiendo que ha surgido de tal y tal modo y se modifica en tal y tal dirección determinada.

Marx descarta, ante todo, la confusión que siembra el Programa de Gotha en el problema de la correlación entre el Estado y la sociedad.

«La sociedad actual –escribe Marx– es la sociedad capitalista, que existe en todos los países civilizados más o menos libre de aditamentos medievales, más o menos modificada por las particularidades del desarrollo histórico de cada país, más o menos desarrollada. Por el contrario, el "Estado actual" cambia con las fronteras de cada país. En el imperio prusiano-alemán es otro que en Suiza; en Inglaterra, otro que en Estados Unidos. El "Estado actual" es, por tanto, una ficción.

»Sin embargo, los distintos Estados de los distintos países civilizados, pese a la abigarrada diversidad de sus formas, tienen de común el que todos ellos se asientan sobre las bases de la moderna sociedad burguesa, aunque esta se halle en unos sitios más desarrollada que en otros en el sentido capitalista. Tienen también, por tanto, ciertos caracteres esenciales comunes. En este sentido, puede hablarse del "Estado actual", por oposición al futuro, en el que su actual raíz, la sociedad burguesa, se habrá extinguido.

»Cabe entonces preguntarse: ¿qué transformación sufrirá el Estado en la sociedad comunista? O, en otros términos: ¿qué funciones sociales análogas a las actuales funciones del Estado subsistirán entonces? Esta pregunta solo puede contestarse científicamente, y por más que acoplemos de mil maneras la palabra "pueblo" y la palabra "Estado", no nos acercaremos ni un pelo a la solución[3] del problema».

Poniendo en ridículo, como vemos, toda la charlatanería sobre el «Estado del pueblo», Marx ofrece un planteamiento del problema y nos advierte, en cierto modo, que para resolverlo de una manera científica solo se puede operar con datos científicos sólidamente establecidos.

Lo primero que ha sido establecido con absoluta precisión por toda la teoría del desarrollo y por toda la ciencia en general –y lo que olvidaron los utopistas y olvidan los oportunistas de hoy que temen a la revolución socialista– es la circunstancia de que históricamente, tiene que haber, sin duda alguna, una fase especial o una etapa especial de *transición* del capitalismo al comunismo.

2. La transición del capitalismo al comunismo

«Entre la sociedad capitalista y la sociedad comunista –prosigue Marx– media el periodo de la transformación revolu-

---

[3] K. Marx, *Crítica del Programa de Gotha* (véase K. Marx y F. Engels, *Obras Escogidas,* t. II, p. 10).

cionaria de la primera en la segunda. A este periodo corresponde también un periodo político de transición, cuyo Estado no puede ser otro que la *dictadura revolucionaria del proletariado*»[4].

Esta conclusión de Marx se basa en el análisis del papel que el proletariado desempeña en la sociedad capitalista actual, en los datos sobre el desarrollo de esta sociedad y en el carácter irreconciliable de los intereses antagónicos del proletariado y de la burguesía.

Antes, la cuestión se planteaba así: para conseguir su liberación, el proletariado debe derrocar a la burguesía, conquistar el poder político e instaurar su dictadura revolucionaria.

Ahora se plantea de un modo algo distinto: la transición de la sociedad capitalista –que se desenvuelve hacia el comunismo– a la sociedad comunista es imposible sin un «periodo político de transición», y el Estado de este periodo no puede ser otro que la dictadura revolucionaria del proletariado.

Ahora bien, ¿cuál es la actitud de esta dictadura hacia la democracia?

Hemos visto que el *Manifiesto comunista* coloca sencillamente juntos dos conceptos: «la transformación del proletariado en clase dominante» y «la conquista de la democracia». Sobre la base de cuanto queda expuesto, puede determinarse con más exactitud cómo se transforma la democracia durante la transición del capitalismo al comunismo.

La sociedad capitalista, considerada en sus condiciones de desarrollo más favorables, nos ofrece una democracia más o menos completa en la república democrática. Pero esta democracia se halla siempre comprimida dentro del estrecho marco de la explotación capitalista y, por esta razón,

---

[4] *Ibid.*

es siempre, en esencia, una democracia para la minoría, solo para las clases poseedoras, solo para los ricos. La libertad de la sociedad capitalista sigue siendo siempre, poco más o menos, lo que era la libertad en las antiguas repúblicas de Grecia: libertad para los esclavistas. En virtud de las condiciones de la explotación capitalista, los esclavos asalariados modernos viven tan agobiados por la penuria y la miseria, que «no están para democracias», «no están para política», y en el curso corriente y pacífico de los acontecimientos, la mayoría de la población queda al margen de toda participación en la vida político-social.

Alemania es, tal vez, el país que confirma con mayor evidencia la exactitud de esta afirmación, precisamente porque la legalidad constitucional se mantuvo allí durante un periodo asombrosamente largo y estable, casi medio siglo (1871-1914), en el transcurso del cual la socialdemocracia supo hacer muchísimo más que en los otros países para «utilizar la legalidad» y organizar en partido político a una parte de obreros más considerable que en ningún otro lugar del mundo.

Pues bien, ¿a cuánto asciende esta parte de los esclavos asalariados políticamente conscientes y activos, con ser la más elevada de cuantas se han observado en la sociedad capitalista? ¡De 15 millones de obreros asalariados, el Partido Socialdemócrata cuenta con un millón de miembros!

¡De 15 millones están organizados sindicalmente tres millones!

Democracia para una minoría insignificante, democracia para los ricos: esta es la democracia de la sociedad capitalista. Si observamos más de cerca el mecanismo de la democracia capitalista, veremos siempre y en todas partes restricciones y restricciones de la democracia: en los detalles «pequeños», supuestamente pequeños, del derecho de sufragio (censo de asentamiento, exclusión de la mujer, etc.), en la técnica de las instituciones representativas, en los obstáculos efectivos que se oponen al derecho de reunión (¡los edificios públicos no son para los «miserables»!), en la organización puramente capitalista de la prensa diaria, etc. Estas restricciones, excepciones, exclusiones y trabas impuestas a los pobres parecen insignificantes, sobre todo a quienes jamás han sufrido la penuria ni han estado en contacto con la vida cotidiana de las clases oprimidas (que es lo que les ocurre a las nueve décimas partes, si no al noventa y nueve por ciento, de los propagandistas y políticos burgueses); pero, en conjunto, estas restricciones excluyen, eliminan a los pobres de la política, de la participación activa en la democracia.

Marx percibió magníficamente esta *esencia* de la democracia capitalista al decir en su análisis de la experiencia de la Comuna: ¡a los oprimidos se les autoriza para decidir una vez cada varios años qué mandatarios de la clase opresora han, de representarlos y aplastarlos en el Parlamento!⁵.

Pero, partiendo de esta democracia capitalista –inevitablemente estrecha, que repudia bajo cuerda a los pobres y que es, por tanto, una democracia profundamente hipócrita y falaz–, el desarrollo progresivo no discurre de un modo sencillo, directo y tranquilo «hacia una democracia cada vez mayor», como quieren hacernos creer los profesores liberales y los oportunistas pequeñoburgueses. No. El desarrollo progresivo, es decir, el desarrollo hacia el comunismo pasa por la dictadura del proletariado, y solo puede ser así, ya que no hay otra fuerza ni otro camino para *romper la resistencia* de los explotadores capitalistas.

---

5 K. Marx, *La guerra civil en Francia* (véase K. Marx y F. Engels, *Obras Escogidas*, t. I, p. 509).

Pero la dictadura del proletariado, es decir, la organización de la vanguardia de los oprimidos en clase dominante para aplastar a los opresores, no puede conducir únicamente a la simple ampliación de la democracia. A *la par* con la enorme ampliación de la democracia, que se convierte *por vez primera* en democracia para los pobres, en democracia para el pueblo, y no en democracia para los ricos, la dictadura del proletariado implica una serie de restricciones impuestas a la libertad de los opresores, de los explotadores, de los capitalistas. Debemos reprimir a estos para liberar a la humanidad de la esclavitud asalariada; hay que vencer por la fuerza su resistencia, y es evidente que allí donde hay represión hay violencia, no hay libertad ni democracia.

Engels lo expresaba magníficamente en la carta a Bebel, al decir, como recordará el lector, que «mientras el proletariado necesite todavía el Estado, no lo necesitará en interés de la libertad, sino para someter a sus adversarios, y tan pronto como pueda hablarse de libertad, el Estado como tal dejará de existir».

Democracia para la mayoría gigantesca del pueblo y represión por la fuerza, o sea, exclusión de la democracia para los explotadores, para los opresores del pueblo: he ahí la modificación que sufrirá la democracia en la *transición* del capitalismo al comunismo.

Solo en la sociedad comunista, cuando se haya roto ya definitivamente la resistencia de los capitalistas, cuando hayan desaparecido los capitalistas, cuando no haya clases (es decir, cuando no existan diferencias entre los miembros de la sociedad por su relación hacia los medios sociales de producción), solo entonces «desaparecerá el Estado y *podrá hablarse de libertad*». Solo entonces será posible y se hará realidad una democracia verdaderamente completa, una democracia que no implique, en efecto, ninguna restricción. Y solo entonces comenzará a *extinguirse* la democracia, por la sencilla razón de que los hombres, liberados de la esclavitud capitalista, de los innumerables horrores, bestialidades, absurdos y vilezas de la explotación capitalista, *se habituarán* poco a poco a observar las reglas elementales de convivencia, conocidas a lo largo de los siglos y repetidas desde hace miles de años en todos los preceptos; a observarlas sin violencia, sin coacción, sin subordinación, *sin ese aparato especial* de coacción que se llama Estado.

La expresión «el Estado *se extingue*» está muy bien elegida, pues señala el carácter gradual del proceso y su espontaneidad. Solo la fuerza de la costumbre puede ejercer y ejercerá indudablemente esa influencia, pues en torno nuestro vemos millones de veces con qué facilidad se habitúa la gente a observar las reglas de convivencia que necesita, si no hay explotación, si no hay nada que la indigne, que provoque protestas y sublevaciones y haga imprescindible la *represión*.

Por tanto, en la sociedad capitalista tenemos una democracia amputada, mezquina, falsa, una democracia solamente para los ricos, para la minoría. La dictadura del proletariado, el periodo de transición al comunismo, aportará por vez primera la democracia para el pueblo, para la mayoría, a la par con la necesaria represión de la minoría, de los explotadores. Solo el comunismo puede proporcionar una democracia verdaderamente completa; y cuanto más completa sea, antes dejará de ser necesaria y se extinguirá por sí misma.

Dicho en otros términos: bajo el capitalismo tenemos un Estado en el sentido estricto de la palabra, una máquina especial para la represión de una clase por otra y, además, de la mayoría por la minoría. Es evidente que, para que pueda prosperar una empresa como la represión sistemática de la mayoría de los explotados por una minoría de explotadores, hace falta una crueldad extraordinaria, una represión bestial, hacen falta mares de sangre, a través de los cuales marcha la humanidad en estado de esclavitud, de servidumbre, de trabajo asalariado.

Más adelante, durante la *transición* del capitalismo al comunismo, la represión es *todavía* necesaria, pero es ya la represión de una minoría de explotadores por la mayoría de los explotados. Es necesario *todavía* un aparato especial, una máquina especial para la represión: el «Estado». Pero es ya un Estado de transición, no es ya un Estado en el sentido estricto de la palabra, pues la represión de una minoría de explotadores por la mayoría de los esclavos asalariados de *ayer* es algo tan relativamente fácil, sencillo y natural, que será muchísimo menos sangrienta que la represión de las sublevaciones de los esclavos, de los siervos y de los obreros asalariados y costará mucho menos a la humanidad. Y ello es compatible con la extensión de la democracia a una mayoría tan aplastante de la población, que la necesidad de *una máquina especial* para la represión comienza a desaparecer. Como es natural, los explotadores no pueden reprimir al pueblo sin una máquina complicadísima que les permita cumplir este cometido, pero el *pueblo* puede reprimir a los explotadores con una «máquina» muy sencilla, casi sin «máquina», sin aparato especial, con la simple *organización de las masas armadas* (como los Soviets de diputados obreros y soldados, digamos, adelantándonos un poco).

Por último, solo el comunismo suprime en absoluto la necesidad del Estado, pues *no hay nadie a quien* reprimir, «nadie» en el sentido de clase, en el sentido de una lucha sistemática contra determinada parte de la población. No somos utopistas y no negamos lo más mínimo que es posible e inevitable que *algunos individuos* cometan excesos, como tampoco negamos la necesidad de reprimir *tales* excesos. Pero, en primer lugar, para ello no hace falta una máquina especial, un aparato especial de represión: esto lo hará el propio pueblo armado, con la misma sencillez y facilidad con que un grupo cualquiera de personas civilizadas, incluso en la sociedad actual, separa a los que se están peleando o impide que se maltrate a una mujer. Y, en segundo lugar, sabemos que la causa social más profunda de los excesos, consistentes en la infracción de las reglas de convivencia, es la explotación de las masas, su penuria y su miseria. Al suprimirse esta causa fundamental, los excesos comenzarán inevitablemente a *«extinguirse»*. No sabemos con qué rapidez y gradación, pero sabemos que se extinguirán. Y con ello *se extinguirá* también el Estado.

Sin dejarse llevar por utopías, Marx determinó en detalle lo que es posible determinar *ahora* respecto a este porvenir, a saber: la diferencia entre las fases (grados o etapas) inferior y superior de la sociedad comunista.

3. Primera fase de la sociedad comunista

En la *Crítica del Programa de Gotha,* Marx refuta minuciosamente la idea lassalleana de que, bajo el socialismo, el obrero recibirá el «producto íntegro (o "completo") del trabajo». Marx demuestra que de todo el trabajo social de toda la sociedad habrá que descontar un fondo de reserva, otro fondo para ampliar la producción, para reponer las máquinas «gastadas», etc., y, además de los artículos de consumo, un fondo para los gastos de administración, escuelas, hospitales, asilos de ancianos, etcétera.

En vez de la frase nebulosa, confusa y general de Lassalle («dar al obrero el producto íntegro del trabajo»), Marx ofrece un análisis sereno de cómo se verá obligada a administrar la sociedad socialista. Marx aborda el análisis *concreto* de las condiciones de vida de esta sociedad, en la que no existirá el capitalismo, y dice: «De lo que aquí se trata», en el examen del programa del partido obrero, «no es de una sociedad comunista que se *ha desarrollado* sobre su propia base, sino, de una que acaba de *salir* precisamente de la sociedad capitalista y que, por tanto, presenta todavía en todos sus aspectos, en el económico, en el moral y en el intelectual, el sello de la vieja sociedad de cuya entraña procede»[6].

Esta sociedad comunista, que acaba de salir de la entraña del capitalismo y que lleva en todos sus aspectos el sello de la sociedad antigua, es la que Marx llama «primera» fase o fase inferior de la sociedad comunista.

Los medios de producción han dejado de ser ya propiedad privada de los individuos para pertenecer a toda la sociedad. Cada miembro de esta, al ejecutar una cierta parte del trabajo socialmente necesario, obtiene de la sociedad un certificado acreditativo de haber realizado tal o cual cantidad de trabajo. Por este certificado recibe de los almacenes sociales de artículos de consumo la cantidad correspondiente de productos. Deducida la cantidad de trabajo que pasa al fondo social, cada obrero recibe, pues, de la sociedad tanto como le entrega.

Reina, al parecer, la «igualdad».

Pero cuando Lassalle, refiriéndose a este orden social (al que se suele dar el nombre de socialismo y que Marx denomina primera fase del comunismo), dice que esto es una «distribución justa», que es «el derecho igual de cada uno al producto igual del trabajo», Lassalle se equivoca, y Marx pone al descubierto su error.

Aquí –dice Marx– nos hallamos, efectivamente, ante un «derecho igual», pero es *todavía* «un derecho burgués», que,

---

[6] K. Marx, *Crítica del Programa de Gotha* (véase K. Marx y F. Engels, *Obras Escogidas*, t. II, p. 14).

como todo derecho, *presupone la desigualdad.* Todo derecho significa la aplicación de un rasero *igual* a hombres *distintos,* que en realidad no son idénticos, no son iguales entre sí; por tanto, el «derecho igual» constituye una infracción de la igualdad y una injusticia. En realidad, cada cual obtiene, si ejecuta una parte de trabajo social igual que el otro, la misma parte del producto social (después de hechas las deducciones indicadas).

Sin embargo, los hombres no son iguales: unos son más fuertes y otros más débiles; unos están casados y otros solteros; unos tienen más hijos que otros, etcétera.

«Con igual trabajo –concluye Marx– y, por consiguiente, con igual participación en el fondo social de consumo, unos obtienen de hecho más que otros, unos son más ricos que otros, etc. Para evitar todos estos inconvenientes, el derecho no tendría que ser igual, sino desigual»[7].

Por consiguiente, la primera fase del comunismo no puede proporcionar todavía justicia ni igualdad: subsisten las diferencias de riqueza, diferencias injustas; pero quedará descartada ya *la explotación* del hombre por el hombre, puesto que no será posible apoderarse, a título de propiedad privada, de los *medios de producción,* de las fábricas, las máquinas, la tierra, etc. Pulverizando la frase confusa y pequeñoburguesa de Lassalle sobre la «igualdad» y la «justicia» *en general,* Marx señala *el curso de desarrollo* de la sociedad comunista, que se verá *obligada* a destruir primeramen*te tan solo* aquella «injusticia» que consiste en la usurpación de los medios de producción por individuos aislados, pero que *no estará en condiciones* de destruir de golpe también la otra injusticia, consistente en la distribución de los artículos de consumo «según el trabajo» (y no según las necesidades).

---

[7] *Ibid.* (véase K. Marx y F. Engels, *Obras Escogidas,* t. II, p. 16).

Los economistas vulgares, incluidos los profesores burgueses, y entre ellos «nuestro» Tugán, reprochan constantemente a los socialistas que olvidan la desigualdad de los hombres y «sueñan» con destruir esta desigualdad. Semejante reproche solo demuestra, como vemos, la extrema ignorancia de los señores ideólogos burgueses.

Marx tiene en cuenta del modo más preciso no solo la inevitable desigualdad de los hombres, sino también que el solo hecho de que los medios de producción pasen a ser propiedad común de toda la sociedad (el «socialismo», en el sentido corriente de la palabra) *no suprime* los defectos de la distribución y la desigualdad del «derecho burgués», el cual *sigue imperando,* por cuanto los productos son distribuidos «según el trabajo».

«Pero estos defectos –prosigue Marx– son inevitables en la primera fase de la sociedad comunista, tal como brota de la sociedad capitalista después de un largo y doloroso alumbramiento. El derecho no puede ser nunca superior a la estructura económica ni al desarrollo cultural de la sociedad por ella condicionado»[8].

Así, pues, en la primera fase de la sociedad comunista (a la que suele darse el nombre de socialismo), el «derecho burgués» *no* se suprime por completo, sino solo en parte, solo en la medida de la transformación económica ya alcanzada, es decir, solo en lo que se refiere a los medios de producción. El «derecho burgués» reconoce la propiedad privada de los individuos sobre los medios de producción. El socialismo los convierte en propiedad *común. En este sentido* –y solo en este sentido– desaparece el «derecho burgués».

Sin embargo, este derecho persiste en otro de sus aspectos: como regulador de la distribución de los productos y de

---

[8] *Ibid.*

la distribución del trabajo entre los miembros de la sociedad. «Quien no trabaja, no come»: este principio socialista es ya una realidad; «a igual cantidad de trabajo, igual cantidad de productos»: también es *ya* una realidad este principio socialista. Pero esto no es todavía el comunismo, no suprime aún el «derecho burgués», que da una cantidad igual de productos a hombres que no son iguales y por una cantidad desigual (desigual de hecho) de trabajo.

Esto es un «defecto», dice Marx, pero un defecto inevitable en la primera fase del comunismo, pues, sin caer en la utopía no se puede pensar que, al derrocar el capitalismo, los hombres aprenderán a trabajar inmediatamente para la sociedad *sin sujetarse a ninguna norma de derecho:* además, la abolición del capitalismo *no sienta de repente* las premisas económicas para *este* cambio.

Otras normas, fuera de las del «derecho burgués», no existen. Y, por tanto, persiste todavía la necesidad del Estado, que, velando por la propiedad común sobre los medios de producción, vele por la igualdad del trabajo y por la igualdad en la distribución de los productos.

El Estado se extingue por cuanto ya no hay capitalistas, ya no hay clases y, por lo mismo, no cabe *reprimir* a ninguna clase.

Pero el Estado no se ha extinguido todavía del todo, pues persiste aún la protección del «derecho burgués», que sanciona la desigualdad de hecho. Para que el Estado se extinga por completo hace falta el comunismo completo.

Agosto-septiembre de 1917

Una de las condiciones fundamentales del éxito de los bolcheviques[1]

El bolchevismo existe como corriente del pensamiento político y como partido político desde 1903[2]. Solo la historia del bolchevismo en todo el periodo de su existencia puede explicar de un modo satisfactorio por qué el bolchevismo pudo forjar y mantener, en las condiciones más difíciles, la disciplina férrea necesaria para la victoria del proletariado.

La primera pregunta que surge es la siguiente: ¿cómo se mantiene la disciplina del partido revolucionario del proletariado?, ¿cómo se comprueba?, ¿cómo se refuerza? Primero, por la conciencia de la vanguardia proletaria y por su fidelidad a la revolución, por su firmeza, por su espíritu de sacrificio, por su heroísmo. Segundo, por su capacidad de ligarse, de acercarse y, hasta cierto punto, si queréis, de fundirse con las más amplias masas trabajadoras, en primer término con las masas proletarias, *pero también con* las masas trabaja-

[1] Este texto es el capítulo II del libro *La enfermedad infantil del «izquierdismo» en el comunismo.*
[2] Se alude al II Congreso del POSDR celebrado en julio-agosto de 1903, en el que se produjo la escisión entre los leninistas, socialdemócratas revolucionarios consecuentes, y la parte oportunista del partido (véase *supra*, n. 15 en p. 88).

doras *no proletarias*. Tercero, por lo acertado de la dirección política que ejerce esta vanguardia, por lo acertado de su estrategia y de su táctica políticas, a condición de que las masas más extensas se convenzan de ello *por experiencia propia*. Sin estas condiciones es imposible la disciplina en un partido revolucionario verdaderamente apto para ser el partido de la clase avanzada, llamada a derrocar a la burguesía y a transformar toda la sociedad. Sin estas condiciones, los intentos de implantar una disciplina se convierten, inevitablemente, en una ficción, en una frase, en gestos grotescos. Pero, por otra parte, estas condiciones no pueden brotar de golpe. Van formándose solamente a través de una labor prolongada, de una dura experiencia; su formación se facilita con una acertada teoría revolucionaria que, a su vez, no es un dogma, sino que solo se forma de manera definitiva en estrecha conexión con la experiencia práctica de un movimiento verdaderamente de masas y verdaderamente revolucionario.

Si el bolchevismo pudo elaborar y llevar a la práctica con éxito en los años 1917-1920, en condiciones de una gravedad inaudita, la centralización más severa y una disciplina férrea, ello se debe sencillamente a una serie de particularidades históricas de Rusia.

De una parte, el bolchevismo surgió en 1903 sobre la más sólida base de la teoría del marxismo. Y la justeza de esta teoría revolucionaria –y solo de esta– ha sido demostrada tanto por la experiencia internacional de todo el siglo XIX como, en particular, por la experiencia de las desviaciones, los titubeos, los errores y los desengaños del pensamiento revolucionario en Rusia. En el transcurso de casi medio siglo, aproximadamente de 1840 a 1890, el pensamiento avanzado en Rusia, bajo el yugo del despotismo inaudito del zarismo salvaje y reaccionario, buscaba ávidamente una teoría revolucionaria justa, siguiendo con celo y atención admirables cada «última palabra» de Europa y América en este terreno. Rusia *hizo suya* la única teoría revolucionaria justa, el marxismo, en medio siglo de torturas y de sacrificios inauditos, de heroísmo revolucionario nunca visto, de energía increíble y de búsquedas abnegadas, de estudio, de pruebas en la práctica, de desengaños, de comprobación, de comparación con la experiencia de Europa. Gracias a la emigración provocada por el zarismo, la Rusia revolucionaria de la segunda mitad del siglo xix contaba con una riqueza de relaciones internacionales y un conocimiento tan excelente de todas las formas y teorías del movimiento revolucionario mundial como ningún otro país.

De otra parte, el bolchevismo, surgido sobre esta base teórica de granito, tuvo una historia práctica de quince años (1903-1917), sin parangón en el mundo por su riqueza de experiencias. Pues ningún país, en el transcurso de esos quince años, conoció ni siquiera aproximadamente una experiencia revolucionaria tan rica, una rapidez y una variedad tales de la sucesión de las distintas formas del movimiento, legal e ilegal, pacífico y tormentoso, clandestino y abierto, de propaganda en los círculos y entre las masas, parlamentario y terrorista. En ningún país estuvo concentrada en tan breve periodo de tiempo semejante variedad de formas, de matices, de métodos de lucha *de todas* las clases de la sociedad contemporánea; lucha que, además, como consecuencia del atraso del país y del peso del yugo zarista, maduraba con singular rapidez y asimilaba con particular ansiedad y eficacia la «última palabra» de experiencia política americana y europea.

Abril-mayo de 1920

Tareas de las Juventudes Comunistas[1]

Camaradas, quisiera departir hoy con vosotros sobre las tareas fundamentales de la Unión de Juventudes Comunistas y, con este motivo, de lo que deben ser las organizaciones de la juventud en la República socialista en general.

Este problema merece tanto más nuestra atención por cuanto, puede decirse, en cierto sentido, que es precisamente a la juventud a quien incumbe la verdadera tarea de crear la sociedad comunista. Porque es evidente que la generación de militantes educada en la sociedad capitalista puede, en el mejor de los casos, cumplir la tarea de destruir los cimientos de la vieja vida capitalista basada en la explotación. Lo más que podrá hacer es organizar un régimen social que ayude al proletariado y a las clases trabajadoras a conservar el poder en sus manos y a crear una sólida base, sobre la que podrá edificar únicamente la generación que empieza a trabajar ya en condiciones nuevas, en una situación en la que no existen relaciones de explotación entre los hombres.

Pues bien, al abordar desde este punto de vista la cuestión de las tareas de la juventud, debo decir que estas tareas

---

[1] Discurso pronunciado en el III Congreso de la Unión de Juventudes Comunistas de Rusia el 2 de octubre de 1920.

de la juventud, en general, y de las Uniones de Juventudes Comunistas y demás organizaciones semejantes, en particular, podrían definirse con una sola palabra: aprender.

Es claro que esto no es más que «una palabra». Y esta palabra no responde a las preguntas principales y más esenciales: ¿qué aprender y cómo aprender? Y lo esencial en este problema es que, con la transformación de la vieja sociedad capitalista, la enseñanza, la educación y la instrucción de las nuevas generaciones, llamadas a crear la sociedad comunista, no pueden seguir siendo lo que eran antes. La enseñanza, la educación y la instrucción de la juventud deben partir de los materiales que nos ha legado la antigua sociedad. El comunismo podremos edificarlo únicamente con la suma de conocimientos, organizaciones e instituciones, con el acervo de medios y fuerzas humanas que hemos heredado de la vieja sociedad. Solo transformando radicalmente la enseñanza, la organización y la educación de la juventud conseguiremos que los esfuerzos de la joven generación den como resultado la creación de una sociedad que no se parezca a la antigua, es decir, de la sociedad comunista. Por ello, debemos examinar detenidamente qué hemos de enseñar a la juventud y cómo ha de aprender esta si quiere merecer realmente el nombre de Juventudes Comunistas y cómo es necesario prepararla para que sea capaz de terminar y coronar la obra iniciada por nosotros.

Debo decir que la primera respuesta y, al parecer, la más natural es que la Unión de Juventudes, y en general toda la juventud que quiera pasar al comunismo, tiene que aprender el comunismo.

Pero esta respuesta, «aprender el comunismo», es demasiado general. ¿Qué necesitamos para aprender el comunismo? ¿Qué necesitamos escoger, entre la suma de conocimientos generales, para adquirir la ciencia del comunismo?

En este terreno nos amenaza una serie de peligros, que surgen a cada paso en cuanto se plantea mal la tarea de aprender el comunismo o se entiende de una manera demasiado unilateral.

A primera vista, naturalmente, parece que aprender el comunismo es asimilar el conjunto de conocimientos que se exponen en los manuales, folletos y obras comunistas. Pero eso sería definir de un modo demasiado burdo e insuficiente el estudio del comunismo. Si el estudio del comunismo consistiera únicamente en asimilar lo que dicen los trabajos, libros y folletos comunistas, esto nos daría con excesiva facilidad escolásticos o fanfarrones comunistas, lo que muchas veces nos causaría daño y perjuicio, porque estas gentes, después de haber leído mucho y aprendido lo que se expone en los libros y folletos comunistas, serían incapaces de coordinar todos estos conocimientos y obrar como exige realmente el comunismo.

Uno de los mayores males y calamidades que nos ha dejado en herencia la antigua sociedad capitalista es el completo divorcio entre el libro y la vida práctica, pues teníamos libros en los que todo estaba expuesto en forma perfecta, y la mayor parte de las veces esos libros no eran sino una repugnante e hipócrita mentira, que nos pintaba un cuadro falso de la sociedad capitalista.

Por eso, sería una gran equivocación limitarse a asimilar simplemente lo que dicen los libros del comunismo. Nuestros discursos y artículos de ahora no son una simple repetición de lo que se ha dicho antes sobre el comunismo; pues están ligados a nuestro trabajo cotidiano en todos los terrenos. Sin trabajo, sin lucha, el conocimiento libresco del comunismo, adquirido en folletos y obras comunistas, no tiene absolutamente ningún valor, ya que no haría más que continuar el antiguo divorcio entre la teoría y la práctica, ese mismo divorcio que constituía el más repugnante rasgo de la vieja sociedad burguesa.

Sería más peligroso todavía que pretendiéramos aprender solamente las consignas comunistas. Si no comprendiéramos a tiempo este peligro, si no hiciéramos toda clase de esfuerzos por evitarlo, la existencia de medio millón o de un millón de jóvenes de ambos sexos, que después de semejante estudio del comunismo se llamasen comunistas, no causaría sino un gran perjuicio a la causa del comunismo.

Se nos plantea, pues, la cuestión de cómo hemos de coordinar todo esto para aprender el comunismo. ¿Qué debemos tomar de la vieja escuela, de la vieja ciencia? La vieja escuela declaraba que quería crear hombres instruidos en todos los dominios y que enseñaba las ciencias en general. Sabemos que eso era pura mentira, puesto que toda la sociedad se basaba y sostenía en la división de los hombres en clases, en explotadores y oprimidos. Como es natural, toda la vieja escuela, saturada de espíritu de clase, no daba conocimientos más que a los hijos de la burguesía. Cada una de sus palabras estaba amañada para favorecer los intereses de la burguesía. En estas escuelas, más que educar a los jóvenes obreros y campesinos, los preparaban para mayor provecho de esa misma burguesía. Trataban de preparar servidores útiles, capaces de proporcionar beneficios a la burguesía, sin turbar, al mismo tiempo, su ociosidad y sosiego. Por eso, al condenar la antigua escuela, nos hemos propuesto tomar de ella únicamente lo que nos es necesario para lograr una verdadera educación comunista.

Y ahora voy a tratar de los reproches, de las censuras, que se dirigen corrientemente a la escuela antigua y que conducen muchas veces a interpretaciones enteramente falsas. Se dice que la vieja escuela era una escuela libresca, una escuela de adiestramiento autoritario, una escuela de enseñanza memorista. Esto es cierto, pero hay que saber distinguir lo que tenía de malo y de útil para nosotros la vieja escuela, hay que saber elegir de ella lo indispensable para el comunismo.

La vieja escuela era libresca, obligaba a almacenar una masa de conocimientos inútiles, superfluos, muertos, que atiborraban la cabeza y transformaban a la generación joven en un ejército de funcionarios cortados todos por el mismo patrón. Pero si intentarais deducir de eso que se puede ser comunista sin haber asimilado el tesoro de conocimientos acumulado por la humanidad, cometeríais un craso error. Sería equivocado pensar que basta con saber las consignas comunistas, las conclusiones de la ciencia comunista, sin adquirir la suma de conocimientos de los que es consecuencia el comunismo. El marxismo es un ejemplo de cómo el comunismo es resultado de la suma de conocimientos adquiridos por la humanidad.

Habréis leído y oído por la teoría comunista, la ciencia comunista, creada principalmente por Marx, que esta doctrina del marxismo ha dejado de ser obra de un solo socialista del siglo XIX para transformarse en la doctrina de millones y decenas de millones de proletarios del mundo entero, que la aplican en su lucha contra el capitalismo. Y si preguntáis por qué ha podido la doctrina de Marx conquistar millones y decenas de millones de corazones en la clase más revolucionaria, se os dará una sola respuesta: porque Marx se apoyaba en la sólida base de los conocimientos humanos adquiridos bajo el capitalismo. Al estudiar las leyes del desarrollo de la sociedad humana, Marx comprendió lo ineluctable del desarrollo del capitalismo, que conduce al comunismo, y cosa principal, lo demostró basándose exclusivamente en el estudio más exacto, más detallado y más profundo de esta sociedad capitalista, por haber asimilado plenamente todo lo que la ciencia había dado hasta entonces. Marx analizó de un modo crítico, sin desdeñar un solo punto, todo lo que había creado la sociedad humana. Analizó todo lo que había creado el pensamiento humano, lo sometió a la crítica, lo comprobó en el movimiento obrero y sacó de ello las conclusiones que las gentes encerradas en el marco burgués o atenazadas por los prejuicios burgueses no podían sacar.

Esto hay que tenerlo en cuenta cuando hablamos, por ejemplo, de la cultura proletaria. Sin comprender con claridad que solo se puede crear esta cultura proletaria conociendo con precisión la cultura que ha creado la humanidad en todo su desarrollo y transformándola; sin comprender eso, no podremos cumplir esta tarea. La cultura proletaria no surge de fuente desconocida, no es una invención de los que se llaman especialistas en cultura proletaria. Eso es pura necedad. La cultura proletaria tiene que ser el desarrollo lógico del acervo de conocimientos conquistados por la humanidad bajo el yugo de la sociedad capitalista, de la sociedad terrateniente, de la sociedad burocrática. Todos esos caminos y senderos han conducido y continúan conduciendo hacia la cultura proletaria, del mismo modo que la economía política, transformada por Marx, nos ha mostrado a dónde tiene que llegar la sociedad humana, nos ha indicado el paso a la lucha de clases, al comienzo de la revolución proletaria.

Cuando oímos con frecuencia, tanto a algunos representantes de la juventud como a ciertos defensores de los nuevos métodos de enseñanza, atacar la vieja escuela diciendo que solo hacía aprender de memoria los textos, les respondemos que es preciso tomar de esa vieja escuela todo lo que tenía de bueno. No hay que imitarla sobrecargando la memoria de los jóvenes con una cantidad desmesurada de conocimientos, inútiles las nueve décimas partes y desvirtuados el resto; pero eso no significa que podamos contentarnos con conclusiones comunistas y limitarnos a aprender de memoria consignas comunistas. De ese modo no se puede edificar el comunismo. Solo se puede llegar a ser comunista cuando se enriquece la memoria con todo el tesoro de ciencia acumulado por la humanidad.

No queremos una enseñanza memorista, pero necesitamos desarrollar y perfeccionar la memoria de cada estudiante dándole hechos esenciales, porque el comunismo sería una vaciedad, quedaría reducido a una fachada vacía, y el comunista no sería más que un fanfarrón si no reelaborase con su conciencia todos los conocimientos adquiridos. No solamente debéis asimilar esos conocimientos, sino asimilarlos con espíritu crítico para no atiborrar vuestro cerebro con un fárrago inútil, para enriquecerlo con el conocimiento de todos los hechos, sin los cuales no es posible ser hombre culto en la época en que vivimos. El comunista que se vanagloriase de su comunismo simplemente por haber recibido unas conclusiones ya establecidas, sin haber realizado un trabajo muy serio, muy difícil y muy grande, sin analizar los hechos, frente a los que está obligado a adoptar una actitud crítica, sería un comunista muy lamentable. Semejante actitud superficial sería funestísima. Si yo sé que sé poco, me esforzaré por saber más; pero si un hombre dice que es comunista y que no tiene necesidad de conocimientos sólidos, jamás saldrá de él nada que se parezca a un comunista.

La vieja escuela forjaba los dóciles criados que necesitaban los capitalistas; hacía de los hombres de ciencia personas obligadas a escribir y hablar al gusto de los capitalistas. Eso quiere decir que debemos quitarla de en medio. Pero si debemos suprimirla, destruirla, ¿se deduce de esto que no debamos tomar de ella todo lo que ha acumulado la humanidad y es necesario para el hombre? ¿Se desprende de esto que no debamos saber distinguir lo que necesitaba el capitalismo y lo que necesita el comunismo?

En lugar del adiestramiento autoritario que se practicaba en la sociedad burguesa contra la voluntad de la mayoría, nosotros colocamos la disciplina consciente de los obreros y campesinos, que unen a su odio contra la vieja sociedad el querer, el saber y el estar dispuestos a unificar y organizar las fuerzas para esta lucha, a fin de crear, con millones y centenares de millones de voluntades dispersas, fraccionadas y desperdigadas por la inmensa extensión de nuestro país, una voluntad única, ya que sin ella seremos inevitablemente vencidos. Sin esta cohesión, sin esta disciplina consciente de los obreros y de los campesinos, nuestra causa está condenada a fracasar. Sin ella no podremos derrotar a los capitalistas y terratenientes de todo el Universo. No solo no llegaremos a construir la nueva sociedad comunista, sino ni siquiera a asentar sólidamente sus cimientos. De la misma manera, a pesar de condenar la vieja escuela, a pesar de alimentar contra ella un odio absolutamente legítimo y necesario, a pesar de apreciar el deseo de destruirla, debemos comprender que la vieja escuela libresca, la vieja enseñanza memorista y el viejo adiestramiento autoritario deben ser sustituidos por el arte de asimilar toda la suma de conocimientos humanos, y asimilarlos de tal modo que vuestro comunismo no sea algo aprendido de memoria, sino algo pensado por vosotros mismos, como una conclusión que se impone necesariamente desde el punto de vista de la instrucción moderna.

Así es cómo hay que plantear las tareas fundamentales cuando se habla de aprender el comunismo.

Para explicaros esto y abordar, al mismo tiempo, la cuestión de cómo estudiar, tomaré un ejemplo práctico. Todos sabéis que ahora, inmediatamente después de los problemas militares, de los problemas de la defensa de la República, surge ante nosotros el problema económico. Sabemos que es imposible edificar la sociedad comunista sin restaurar la industria y la agricultura, y no en su forma antigua, claro está. Hay que restaurarlas sobre una base moderna, conforme a la última palabra de la ciencia. Vosotros sabéis que esa base es la electricidad; que solo el día en que todo el país, todas las ramas de la industria y de la agricultura estén electrificadas, el día en que realicéis esta tarea, solo entonces, podréis edificar para vosotros mismos la sociedad comunista que no podrá edificar la generación vieja. Se alza ante vosotros la tarea de hacer renacer la economía de todo el país, de reorganizar y restaurar la agricultura y la industria sobre una base técnica moderna, fundada en la ciencia y en la técnica modernas, en la electricidad. Comprenderéis perfectamente que la electrificación no puede ser obra de ignorantes y que para ello hace falta algo más que nociones rudimentarias. No basta con comprender lo que es la electricidad; hay que saber cómo aplicarla técnicamente a la industria, a la agricultura y a cada una de sus ramas. Todo eso tenemos que aprenderlo nosotros mismos, y debemos enseñárselo a toda la nueva generación trabajadora. Esa es la tarea que tiene planteada cada comunista consciente, todo joven que se estime comunista y comprenda con claridad que, al ingresar en la Unión de Juventudes Comunistas, ha contraído el compromiso de ayudar al partido a edificar el comunismo y de ayudar a toda la joven generación a crear la sociedad comunista. Debe comprender que solamente sobre la base de la instrucción moderna podrá crear esta sociedad, y que si carece de esa instrucción, el comunismo no será más que un deseo.

La tarea de la generación precedente consistía en derribar a la burguesía. Criticar a la burguesía, fomentar en las masas el sentimiento de odio contra ella, desarrollar la conciencia de clase y la habilidad para agrupar sus fuerzas eran entonces las tareas esenciales. La nueva generación tiene ante sí una tarea más compleja. No basta con que debáis unir todas vuestras fuerzas para apoyar al poder obrero y campesino contra la invasión de los capitalistas. Eso tenéis que hacerlo. Lo habéis comprendido admirablemente, lo ve con claridad todo comunista. Pero eso es insuficiente. Sois vosotros quienes debéis edificar la sociedad comunista. La primera mitad del trabajo está ya, en muchos sentidos, terminada. El antiguo régimen ha sido destruido, como debía serlo; no es más que un montón de ruinas, que es a lo que debía quedar reducido. El terreno se encuentra ya desbrozado y, sobre este terreno, la nueva generación comunista debe edificar la sociedad comunista. Vuestra tarea es edificar, y solo podréis cumplirla poseyendo todos los conocimientos modernos, sabiendo transformar el comunismo, en lugar de fórmulas hechas, consejos, recetas, prescripciones y programas aprendidos de memoria, en algo vivo que coordine vuestra labor inmediata, sabiendo convertir el comunismo en guía de vuestro trabajo práctico.

Esta es vuestra misión: por ella debéis regiros al instruir, educar y elevar a toda la generación joven. Debéis ser los primeros constructores de la sociedad comunista entre los millones de constructores que deben ser cada muchacho y cada muchacha. Si no incorporáis a esta edificación del comunismo a toda la masa de la juventud obrera y campesina, no construiréis la sociedad comunista.

Esto me lleva, como es natural, a la cuestión de cómo debemos enseñar el comunismo y en qué debe consistir la peculiaridad de nuestros métodos.

Me detendré, en primer término, en el problema de la moral comunista.

Tenéis que hacer comunistas de vosotros mismos. La tarea de la Unión de Juventudes consiste en realizar su actividad práctica de modo que le permita, al aprender, al organizarse, al agruparse, al luchar, convertir en comunistas a sus miembros y a todos los que la reconocen como guía. Toda la educación, toda la instrucción y toda la enseñanza de la juventud contemporánea deben inculcarle el espíritu de la moral comunista.

Pero ¿existe una moral comunista? ¿Existe una moralidad comunista? Es evidente que sí. Se pretende muchas veces que nosotros no tenemos una moral propia, y la burguesía nos acusa con frecuencia de que nosotros, los comunistas, negamos toda moral. Esto no es más que una maniobra para suplantar los conceptos y arrojar arena a los ojos de los obreros y los campesinos.

¿En qué sentido negamos nosotros la moral, la moralidad?

La negamos en el sentido en que la ha predicado la burguesía, deduciéndola de mandamientos divinos. A este respecto decimos, naturalmente, que no creemos en Dios, y sabemos muy bien que el clero, los terratenientes y la burguesía hablaban en nombre de Dios para defender sus intereses de explotadores. O bien, en lugar de deducir esta moral de los dictados de la moralidad, de los mandamientos de Dios, la deducían de frases idealistas o semiidealistas que, en definitiva, se parecían siempre mucho a los mandamientos de Dios.

Nosotros negamos toda moralidad de esa índole tomada de concepciones al margen de la sociedad humana, al margen de las clases. Decimos que eso es engañar, embaucar a los obreros y campesinos y embotar su conciencia en provecho de los terratenientes y capitalistas.

Decimos que nuestra moralidad está subordinada por completo a los intereses de la lucha de clase del proletariado. Nuestra moralidad se deriva de los intereses de la lucha de clase del proletariado.

La antigua sociedad se basaba en la opresión de todos los obreros y de todos los campesinos por los terratenientes y capitalistas. Necesitábamos destruirla, necesitábamos derribar a esos opresores, mas para ello había que crear la unión. Y no era Dios quien podía crearla.

Esta unión no podía venir más que de las fábricas, de un proletariado instruido, despertado de su viejo letargo. Solo cuando se constituyó esta clase, comenzó el movimiento de masas que ha conducido a lo que vemos hoy: al triunfo de la revolución proletaria en uno de los países más débiles, que se defiende desde hace tres años frente a los embates de la burguesía del mundo entero. Y vemos cómo crece la revolución proletaria en todo el orbe. Ahora decimos, basándonos en la experiencia, que solo el proletariado ha podido crear una fuerza tan cohesionada, que es seguida por la clase campesina dispersa y fragmentada, y que ha sido capaz de resistir todas las acometidas de los explotadores. Solo esta clase puede ayudar a las masas trabajadoras a unirse, a cohesionarse, a hacer triunfar y afianzar definitivamente la sociedad comunista, a edificarla por completo.

Por eso decimos que, para nosotros, la moralidad tomada al margen de la sociedad humana no existe, es un engaño. Para nosotros, la moral está subordinada a los intereses de la lucha de clase del proletariado.

Ahora bien, ¿en qué consiste esta lucha de clases? En derrocar al zar, en derrotar a los capitalistas, en aniquilar a la clase capitalista.

¿Y qué son las clases en general? Es lo que permite a una parte de la sociedad apropiarse del trabajo de la otra. Si una parte de la sociedad se apropia de toda la tierra, tenemos la clase de los terratenientes y la de los campesinos. Si una parte de la sociedad posee las fábricas, las acciones, y los capitales, mientras que la otra trabaja en esas fábricas, tenemos la clase de los capitalistas y la de los proletarios.

No ha sido difícil desembarazarse del zar: han bastado para ello algunos días. No ha sido muy difícil echar a los terratenientes: hemos podido hacerlo en algunos meses. Tampoco ha sido muy difícil echar a los capitalistas. Pero suprimir las clases es incomparablemente más difícil; subsiste aún la división en obreros y campesinos. Si un campesino instalado en una parcela de tierra se apropia del trigo sobrante, es decir, del trigo que no necesitan ni él ni su ganado, mientras que los demás carecen de pan, se convierte ya en un explotador. Cuanto más trigo retiene, más gana, y nada le importa que los demás pasen hambre: «Cuanta más hambre tengan, más caro venderé mi trigo».

Es preciso que todos trabajen de acuerdo con un plan común en una tierra común, en fábricas comunes y conforme a normas comunes. ¿Es fácil hacerlo? Vosotros mismos veis que en este terreno no es posible lograr soluciones con la misma facilidad que cuando echamos al zar, a los terratenientes y a los capitalistas. Para ello es necesario que el proletariado transforme, reeduque a una parte de los campesinos y atraiga a su lado a los campesinos trabajadores, a fin de romper la resistencia de los campesinos ricos, que se lucran con la miseria de los demás.

Por consiguiente, la tarea de la lucha del proletariado no ha terminado aún con el derrocamiento del zar y la expulsión de los terratenientes y capitalistas; llevarla a término es, precisamente, la misión del régimen que denominamos dictadura del proletariado.

La lucha de clases continúa, solamente ha cambiado sus formas. Es la lucha de clase del proletariado para impedir el regreso de los antiguos explotadores, para agrupar en una estrecha unión a la masa campesina dispersa e ignorante. La lucha de clases continúa, y nuestra misión es subordinar todos los intereses a esta lucha. Por eso subordinamos a ella nuestra moralidad comunista. Decimos: la moralidad es lo que sirve para destruir la antigua sociedad explotadora y para agrupar a todos los trabajadores alrededor del proletariado creador de la nueva sociedad comunista.

La moralidad comunista es la que sirve para esta lucha, la que une a los trabajadores contra toda explotación y contra toda pequeña propiedad, pues la pequeña propiedad pone en manos de un individuo lo que ha sido creado por el trabajo de toda la sociedad.

En nuestro país, la tierra es considerada propiedad común. Pero ¿qué ocurrirá si tomo una parte de esa propiedad común, si cultivo en ella dos veces más trigo del que necesito, si especulo con el sobrante de la cosecha, si calculo que cuanto más hambrientos haya, más caro me pagarán? ¿Obraré como comunista? No, obraré como explotador, como propietario. Contra eso tenemos que luchar. Si las cosas continúan así, volveremos al pasado, caeremos de nuevo bajo el poder de los capitalistas y de la burguesía, como ha ocurrido más de una vez en las revoluciones anteriores. Y para evitar que se restaure el poder de los capitalistas y de la burguesía, es preciso prohibir el mercantilismo, es preciso impedir que unos individuos se enriquezcan a costa de los demás, es preciso que los trabajadores se unan estrechamente al proletariado y constituyan la sociedad comunista. En esto consiste, precisamente, la peculiaridad principal de la tarea más importante de la Unión de Juventudes Comunistas.

La vieja sociedad estaba basada en el principio siguiente: o saqueas a tu prójimo o te saquea él, o trabajas para otro, u otro trabaja para ti, o eres esclavista o eres esclavo. Y es comprensible que los hombres educados en semejante sociedad asimilen, con la leche materna, por así decirlo, la psicología, la costumbre, la idea de que no hay más que amo o esclavo, o pequeño propietario, pequeño empleado, pequeño funcionario, intelectual, en una palabra; hombres que se ocupan exclusivamente de tener lo suyo sin pensar en los demás. Si yo exploto mi parcela de tierra, poco me importan los demás; si alguien tiene hambre, tanto mejor, venderé mi trigo más caro. Si tengo mi puestecito de médico, de ingeniero, de maestro o de empleado, ¿qué importan los demás? Si me arrastro ante los poderosos y soy complaciente con ellos, quizá conserve mi puesto y a lo mejor puedo hacer carrera y llegar a burgués. Semejante psicología y estado de ánimo no pueden existir en un comunista. Cuando los obreros y campesinos demostraron que somos capaces con nuestras propias fuerzas de defendernos y de crear una nueva sociedad, en ese mismo momento comenzó la nueva educación comunista, la educación en la lucha contra los explotadores, la educación en la alianza con el proletariado contra los egoístas y los pequeños propietarios, contra la psicología y las costumbres que dicen: «Yo busco mi propio beneficio y lo demás me tiene sin cuidado».

Tal es la respuesta a la pregunta de cómo debe aprender el comunismo la joven generación.

Esta generación podrá aprender el comunismo únicamente si liga cada paso de su instrucción, de su educación y de su formación a la lucha incesante de los proletarios y de los trabajadores contra la antigua sociedad basada en la explotación. Cuando se nos habla de moralidad, decimos: para un comunista, toda la moralidad reside en esta disciplina solidaria y unida y en esta lucha consciente de las masas contra los explotadores. No creemos en la moralidad eterna y denunciamos el embuste de todas las fábulas acerca de la moralidad. La moralidad sirve para que la sociedad humana se eleve a mayor altura, para que se desembarace de la explotación del trabajo.

Para conseguir eso necesitamos de la joven generación que ha comenzado a convertirse en hombres conscientes en las condiciones de lucha disciplinada y encarnizada contra la burguesía. En esta lucha, la juventud forjará verdaderos comunistas: a esta lucha debe vincular y subordinar en todo momento su instrucción, su educación y su formación. La educación de la juventud comunista no debe consistir en ofrecerle discurso; placenteros de todo género y reglas de moralidad. No, la educación no consiste en eso. Cuando un hombre ha visto a su padre y a su madre vivir bajo el yugo de los terratenientes y capitalistas, cuando ha participado él mismo en los sufrimientos de quienes emprendieron los primeros la lucha contra los explotadores, cuando ha visto los sacrificios que cuesta la continuación de esta lucha y la defensa de lo conquistado y cuán furiosos enemigos son los terratenientes y los capitalistas, ese hombre, en ese ambiente, se forja como comunista. La base de la moralidad comunista está en la lucha por afianzar y culminar el comunismo. Esa es la base de la educación, la instrucción y la enseñanza comunista. Tal es la respuesta a la pregunta de cómo hay que aprender el comunismo.

No creeríamos en la enseñanza, la educación y la instrucción si estas fuesen encerradas en la escuela y separadas de la agitada vida. Mientras los obreros y los campesinos estén oprimidos por los terratenientes y capitalistas, mientras las escuelas sigan en manos de los terratenientes y capitalistas, la generación joven permanecerá ciega e ignorante. Pero nuestra escuela debe dar a los jóvenes los fundamentos de la ciencia, el arte de forjarse por sí mismos una mentalidad comunista, debe hacer de ellos hombres cultos. En el tiempo que los jóvenes pasan en la escuela, esta tiene que hacer de ellos participantes en la lucha por liberarse de los explotadores. La Unión de Juventudes Comunistas solo será digna de este nombre, de ser la unión de la joven generación comunista, si vincula cada paso de su instrucción, educación y formación a la participación en la lucha común de todos los trabajadores contra los explotadores. Porque sabéis perfectamente que mientras Rusia sea la única república obrera, y en el resto del mundo subsista el antiguo régimen burgués, seremos más débiles que ellos; que nos amenazan constantemente nuevos ataques, y que solo aprendiendo a mantener entre nosotros la cohesión y la unidad triunfaremos en la lucha ulterior y, una vez fortalecidos, nos haremos verdaderamente invencibles. Por tanto, ser comunista significa organizar y unir a toda la generación joven, dar ejemplo de educación y de disciplina en esta lucha. Entonces podréis emprender y llevar a término la edificación de la sociedad comunista.

Para que lo comprendáis con mayor claridad, pondré un ejemplo. Nosotros nos llamamos comunistas. ¿Qué es un comunista? «Comunista» viene de la palabra latina «communis», que significa común. La sociedad comunista significa que todo es común: la tierra, las fábricas, el trabajo. Eso es el comunismo.

¿Puede ser común el trabajo si los hombres explotan cada uno su propia parcela? El trabajo común no se crea de la noche a la mañana. Eso es imposible. No cae del cielo. Hay que lograrlo tras largos esfuerzos y sufrimientos, hay que crearlo. Y se crea en el curso de la lucha. No se trata aquí de un libro viejo, en el que nadie creería. Se trata de la propia experiencia de la vida. Cuando Kolchak y Denikin avanzaban desde Siberia y el Sur, los campesinos estaban a su lado. El bolchevismo no les gustaba, ya que los bolcheviques les quitaban el trigo al precio de tasa. Pero después de haber sufrido en Siberia y en Ucrania el poder de Kolchak y de Denikin, los campesinos comprobaron que solo podían elegir entre dos caminos: volver al capitalismo, que les sometería a la esclavitud de los terratenientes, o seguir a los obreros, que, si bien es cierto que no prometen el oro y el moro y exigen una disciplina férrea y una firmeza indomable en la dura lucha, los libertan de la esclavitud de los capitalistas y terratenientes. Cuando hasta los campesinos más ignorantes comprendieron y sintieron esto por propia experiencia, en la dura escuela de la vida que habían cursado, se hicieron partidarios conscientes del comunismo. Esta misma experiencia debe tomar como base de toda su actividad la Unión de Juventudes Comunistas.

He respondido ya a las preguntas de qué debemos aprender y qué debemos tomar de la vieja escuela y de la vieja ciencia. Trataré de contestar también a la pregunta de cómo debemos aprender esto: solo ligando indisolublemente cada paso en la actividad de la escuela, cada paso en la educación, la instrucción y la formación a la lucha de todos los trabajadores contra los explotadores.

Con algunos ejemplos, extraídos de la experiencia del trabajo de algunas organizaciones de la juventud, os mostraré gráficamente, cómo debe hacerse la educación del comunismo. Todo el mundo habla de liquidar el analfabetismo. Como sabéis, en un país de analfabetos es imposible edificar la sociedad comunista. No basta con que el poder de los Soviets dé una orden, o que el partido lance una consigna, o que determinado contingente de los mejores militantes se consagre a esta tarea. Es preciso que la joven generación se ponga ella misma manos a la obra. El comunismo consiste en que la juventud, los muchachos y muchachas pertenecientes a la Unión de Juventudes se digan: eso es misión nuestra, nos uniremos y marcharemos a todos los pueblos para liquidar el analfabetismo, para que nuestra joven generación no tenga analfabetos. Nosotros aspiramos a que la juventud en formación consagre a esta obra su iniciativa. Vosotros sabéis que es imposible transformar rápidamente la Rusia ignorante y analfabeta en una Rusia instruida; pero si la Unión de Juventudes pone en ello su empeño, si toda la juventud trabaja para el bienestar de todos, esta Unión, que agrupa a 400.000 jóvenes, tendrá derecho a llamarse Unión de Juventudes Comunistas. Otra de sus misiones es, al asimilar uno u otro conocimiento, ayudar a los jóvenes que no pueden desembarazarse por sí mismos de las tinieblas de la ignorancia. Ser miembro de la Unión de Juventudes Comunistas significa poner su trabajo y sus fuerzas al servicio de la causa común. En esto consiste la educación comunista. Solo efectuando esa labor se convierte en verdadero comunista un muchacho o una muchacha. Solo serán comunistas si logran resultados prácticos en esta labor.

Tomad, por ejemplo, el trabajo en las huertas suburbanas. ¿Acaso no es un trabajo útil? Es una de las tareas que incumben a la Unión de Juventudes Comunistas. El pueblo pasa hambre, en las fábricas y empresas hay hambre. Para librarnos de ella hay que desarrollar la horticultura, pero los campos siguen cultivándose a la antigua. Es preciso que los elementos más conscientes se pongan manos a la obra, y entonces veréis crecer el número de huertas, aumentar su superficie y mejorar el rendimiento. En este trabajo debe participar activamente la Unión de Juventudes Comunistas. Cada una de sus organizaciones o células debe considerarla asunto suyo.

La Unión de Juventudes Comunistas debe ser el grupo de choque que aporte su ayuda y manifieste su iniciativa en todos los terrenos. La Unión debe ser tal, que cualquier obrero vea en sus miembros gentes cuya doctrina quizá le

sea incomprensible, en cuyas ideas no crea tal vez inmediatamente, pero cuyo trabajo real y cuya actuación le mues-
tren que son ellos, precisamente, quienes le indican el camino certero.

Si la Unión de Juventudes Comunistas no sabe organizar
así su labor en todos los terrenos, significará que se desvía
hacia el antiguo camino burgués. Necesitamos vincular
nuestra educación a la lucha de los trabajadores contra los
explotadores para ayudar a los primeros a cumplir las tareas
que se derivan de la doctrina comunista.

Los miembros de las Juventudes Comunistas deben con-
sagrar todas sus horas de ocio a mejorar el cultivo en las huertas, o a organizar en una fábrica cualquiera la instrucción de
la juventud, etc. Queremos transformar la Rusia pobre y
miserable en un país rico. Y es preciso que la Unión de Juventudes Comunistas una su formación, su instrucción y su
educación al trabajo de los obreros y de los campesinos, que
no se encierre en sus escuelas ni se limite a leer libros y folletos comunistas. Solamente trabajando con los obreros y los
campesinos se puede llegar a ser un verdadero comunista.
Y es preciso que todos vean que cualquiera de los miembros
de las Juventudes Comunistas es instruido y, al mismo tiempo, sabe trabajar. Cuando todos vean que hemos expulsado
de la antigua escuela el viejo adiestramiento autoritario, sus-
tituyéndolo con una disciplina consciente, que todos nuestros jóvenes participan en los sábados comunistas, que utili-
zan los huertos suburbanos para ayudar a la población,
empezarán a considerar el trabajo de otro modo que antes.
Es tarea de la Unión de Juventudes Comunistas organizar en
su pueblo o en su barrio la ayuda en una obra como, por
ejemplo –tomo un pequeño ejemplo–, asegurar la limpieza
o la distribución de víveres. ¿Cómo se hacían estas cosas en
la vieja sociedad capitalista? Cada cual trabajaba solo para sí,

nadie se ocupaba de si había ancianos o enfermos, o de si todos los quehaceres de la casa recaían sobre una mujer, que se encontraba por ello esclavizada y oprimida.

¿Quién tiene el deber de luchar contra eso? La Unión de Juventudes Comunistas, que debe decir: nosotros transformaremos esto, organizaremos destacamentos de jóvenes que ayudarán en los trabajos de limpieza o en la distribución de víveres, recorriendo sistemáticamente las casas, que actuarán organizadamente en bien de toda la sociedad, repartiendo acertadamente las fuerzas y demostrando que el trabajo debe ser un trabajo organizado.

La generación que tiene ahora cerca de 50 años no puede pensar en ver la sociedad comunista. Habrá muerto antes. Pero la generación que tiene hoy 15 años, verá la sociedad comunista y será ella la que la construya. Y debe saber que la edificación de esta sociedad es la misión de su vida.

En la vieja sociedad, el trabajo se hacía por familias aisladas y nadie lo unía, a excepción de los terratenientes y capitalistas, que oprimían a las masas del pueblo. Nosotros debemos organizar todos los trabajos, por sucios o duros que sean, de suerte que cada obrero y cada campesino se diga: yo soy una parte del gran ejército del trabajo libre y sabré organizar mi vida sin terratenientes ni capitalistas, sabré establecer el régimen comunista. Es preciso que la Unión de Juventudes Comunistas eduque a todos, desde la edad temprana, en el trabajo consciente y disciplinado. Así es como podremos esperar que sean cumplidas las tareas hoy planteadas. Debemos tener en cuenta que harán falta no menos de diez años para electrificar el país, para que nuestra tierra arruinada pueda tener a su servicio las últimas conquistas de la técnica. Pues bien, la generación que tiene hoy 15 años y que dentro de diez o veinte años vivirá en la sociedad comunista, debe organizar su instrucción de manera que cada día, en cada pueblo o ciudad, la juventud cumpla prácticamente una tarea de trabajo colectivo, por minúsculo y simple que sea. A medida que se realice esto en cada pueblo, a medida que se desenvuelva la emulación comunista, a medida que la juventud demuestre que sabe unir su trabajo, a medida que ocurra eso, quedará asegurado el éxito de la edificación comunista. Solo considerando cada uno de sus actos desde el punto de vista de este éxito, solo preguntándose constantemente si hemos hecho todo lo necesario para llegar a ser trabajadores unidos y conscientes, logrará la Unión de Juventudes Comunistas agrupar al medio millón de sus miembros en el gran ejército único del trabajo y granjearse el respeto general.

Sobre el significado del materialismo militante[1]

Quisiera detenerme en algunas cuestiones que determinan más de cerca el contenido y el programa de la labor que se propone realizar la redacción de esta revista según se declara en el preámbulo al n.º 1-2.

En dicha declaración se dice que no todos los que se agruparon en derredor de la revista *Pod Známeniem Marxizma* son comunistas, pero que todos son materialistas consecuentes. Creo que esta alianza de los comunistas con los que no lo son es indiscutiblemente necesaria y determina acertadamente las tareas de la revista. Uno de los más graves y peligrosos errores de los comunistas (como de todos los revolucionarios que hayan coronado con éxito la etapa inicial de una gran revolución) es el de imaginarse que la revolución puede llevarse a cabo por los revolucionarios solos. Por el contrario, para el éxito de todo trabajo revolucionario serio, es necesario comprender y saber aplicar en la práctica el concepto de que los revolucionarios solo son capaces de desempeñar el papel de vanguardia de la clase verdaderamente vital y verdaderamente de vanguardia. La vanguardia

---

[1] Este artículo apareció en el número 3 de *Pod Známeniem Marxizma [Bajo la bandera del Marxismo],* revista mensual filosófica, social y económica, que se publicó en Moscú entre enero de 1922 y junio de 1944.

cumple sus tareas como tal vanguardia solo cuando sabe no aislarse de la masa que dirige, sino conducir realmente hacia adelante a toda la masa. Sin la unión con los no comunistas, en los más diversos terrenos de la actividad, no puede ni siquiera hablarse de ninguna construcción comunista eficaz.

Esto se refiere también a la labor de defensa del materialismo y del marxismo que emprende la revista *Pod Známeniem Marxizma*. Las principales orientaciones del pensamiento social avanzado de Rusia tienen, por suerte, una sólida tradición materialista. Sin referirme ya a V. Plejánov, bastará con nombrar a Chernishevski, del que se apartaban, retrocediendo, los populistas modernos (los socialistas populares, los eseristas y otros), que corrían con frecuencia en pos de las doctrinas filosóficas reaccionarias en boga, cegados por la apariencia de la supuesta «última palabra» de la ciencia europea y sin ser capaces de ver, tras las apariencias, tal o cual variedad de servilismo a la burguesía, a sus prejuicios y a su carácter reaccionario burgués.

En todo caso, entre nosotros, en Rusia, hay todavía –e indudablemente los habrá aún durante bastante tiempo– materialistas del campo de los que no son comunistas, y nuestro deber indiscutible es el de atraer a todos los partidarios del materialismo consecuente y militante al trabajo común, a la lucha contra la reacción filosófica y los prejuicios filosóficos de la llamada «sociedad intelectual». Dietzgen-padre –al que no se debe confundir con el tan presuntuoso como fracasado literato Dietzgen-hijo–, al decir que los catedráticos de filosofía en la sociedad moderna, en la mayoría de los casos, son de hecho nada más que «lacayos diplomados del clericalismo», expresó de un modo justo, acertado y claro, el concepto fundamental del marxismo acerca de las tendencias filosóficas predominantes en los países burgueses y que son objeto de la atención de sus sabios y publicistas.

A nuestros intelectuales de Rusia, a quienes les agrada considerarse avanzados –lo mismo que les ocurre, de paso sea dicho, a sus colegas de todos los demás países–, les disgusta mucho trasladar la cuestión al terreno de la apreciación dada por Dietzgen. Y no les gusta, porque la verdad les duele. Basta con reflexionar un poco en la dependencia estatal, luego en la económica, más tarde en la de la vida cotidiana y otras más, en que se encuentran los intelectuales contemporáneos con respecto a la burguesía dominante, para comprender la certeza absoluta de la tajante calificación dada por Dietzgen. Basta con recordar la enorme mayoría de las tendencias filosóficas de moda, que surgen con tanta frecuencia en los países europeos, aunque sea empezando por las relacionadas con el descubrimiento de la radio y terminando por las que tratan ahora de aferrarse a Einstein, para darse cuenta de la ligazón que existe entre los intereses de clase y la posición de clase de la burguesía, entre el apoyo que esta presta a todas las formas de las religiones y el contenido ideológico de las tendencias filosóficas de moda.

De lo expuesto se deduce que la revista, que quiere ser órgano de prensa del materialismo militante, debe ser, primeramente, un órgano combativo en el sentido del desenmascaramiento y persecución sin tregua de todos los «lacayos diplomados del clericalismo» de nuestros tiempos, lo mismo si actúan en calidad de representantes de la ciencia oficial o en calidad de francotiradores que se tildan a sí mismos de publicistas «demócratas de izquierda o ideológicamente socialistas».

Una revista así debe ser, en segundo lugar, un órgano de prensa del ateísmo combativo. Tenemos instituciones estatales o, por lo menos, oficinas públicas, que dirigen esta labor. Pero lo hacen de un modo sumamente apático, sumamente insatisfactorio, sintiendo, por lo visto, en su propia

carne, el yugo de las condiciones generales de nuestro buro-
cratismo auténticamente ruso (aunque sea soviético). Por lo
mismo, es sumamente importante que, complementando la
labor de las correspondientes instituciones estatales, corri-
giéndola y avivándola, la revista, que se consagra a la tarea
de convertirse en el órgano de prensa del materialismo militante, lleve a cabo una propaganda y lucha ateístas infati-
gables. Es necesario prestar atención a toda la literatura que,
sobre el particular, aparezca en todos los idiomas, tradu-
ciéndola o, por lo menos, resumiendo el contenido de todo
lo valioso que se publique al respecto.

Hace ya mucho que Engels aconsejaba a los dirigentes
del proletariado moderno que se tradujese, para la difusión
en masa, entre el pueblo, la literatura atea militante de finales del siglo XVIII[2]. Para vergüenza nuestra, hasta ahora no lo
hemos hecho (una de las muchas demostraciones de que en
una época revolucionaria es mucho más fácil conquistar el
poder que saber utilizarlo acertadamente). A veces se pretende justificar esta apatía, inactividad e incapacidad nuestras
con toda clase de razones «altisonantes»: por ejemplo, diciendo que la antigua literatura atea del siglo XVIII ya está
anticuada, no es científica, es ingenua, etc. No hay nada
peor que estos sofismas pretendidamente sabios que encubren la pedantería o la completa incomprensión del marxismo. Claro está que en las obras ateas de los revolucionarios
del siglo XVIII encontraremos no pocos elementos no científicos e ingenuos. Pero nadie impide a los editores de estas
obras abreviarlas y proveerlas de sucintos epílogos en los
que se exponga el progreso que la humanidad ha alcanzado
en la crítica científica contra la religión desde finales del siglo XVIII y se enumeren las respectivas obras nuevas, etc.

---

[2] F. Engels, *Literatura de emigración.*

Sería un gran error, uno de los más graves errores que pueda cometer un marxista, el pensar que los muchos millones de las masas populares (sobre todo, de campesinos y artesanos), condenadas por la sociedad contemporánea a permanecer en el oscurantismo, en la ignorancia y llenas de prejuicios, puedan salir de la oscuridad únicamente por la línea recta de la ilustración puramente marxista. Es necesario dar a dichas masas el más variado material de propaganda atea, relacionarlas con los hechos de las más variadas ramas de la vida, abordarlas de una y otra manera a fin de interesarlas, de sacudirlas en todos los aspectos, a fin de despertarlas del letargo religioso, empleando, para ello, los más distintos procedimientos, etcétera.

Las publicaciones agudas y amenas de los viejos ateos del siglo XVIII escritas con talento, que atacan ingeniosa y abiertamente al oscurantismo clerical dominante, resultarán, a cada paso, mil veces más adecuadas para despertar a la gente del letargo religioso que las exposiciones aburridas del marxismo, secas, no ilustradas casi con ningún hecho bien seleccionado, exposiciones que prevalecen en nuestra literatura y que, con frecuencia (hay que confesarlo), tergiversan el marxismo. Ya están traducidas al ruso todas las obras de alguna importancia de Marx y Engels. No hay absolutamente motivo alguno para temer que el viejo materialismo y el viejo ateísmo queden sin complementar con las correcciones aportadas por Marx y Engels. Lo más importante –lo que precisamente olvidan con mayor frecuencia nuestros comunistas seudomarxistas, en realidad deformadores del marxismo– es saber interesar a las masas, todavía incultas, en la actitud consciente ante las cuestiones religiosas y en la crítica consciente de las religiones.

Por otra parte, fijaos en los representantes de la moderna crítica científica de las religiones. Casi siempre estos representantes de la burguesía ilustrada «complementan» sus propias refutaciones de los prejuicios religiosos con tales raciocinios, que los desenmascaran inmediatamente como esclavos ideológicos de la burguesía, como «lacayos diplomados del clericalismo».

Dos ejemplos. El profesor R. Y. Vípper editó en 1918 un folleto titulado *El origen del cristianismo*. Al exponer los principales resultados obtenidos por la ciencia moderna no solo no combate los prejuicios y el engaño que constituyen el arma de la Iglesia como organización política ni solo elude hablar de estas cuestiones, sino que declara abiertamente una pretensión ridícula y de las más reaccionarias, la de elevarse por encima de ambos «extremos»: tanto del idealismo como del materialismo. Esto no es más que servilismo a la burguesía dominante, la cual emplea en todo el mundo centenares de millones de rublos de las ganancias que extrae de los trabajadores para apoyar a la religión.

El conocido sabio alemán Arthur Drews refuta en su libro *El mito de Cristo* los prejuicios y leyendas religiosos, demuestra que en el mundo no ha existido Cristo alguno, y al final de este se manifiesta a favor de la religión, pero de una religión algo renovada, refinada, artificiosa, capaz de contrarrestar «el torrente naturalista que aumenta a diario más y más». Este es un reaccionario franco, consciente, que ayuda abiertamente a los explotadores a que sustituyan los viejos y putrefactos prejuicios religiosos por otros nuevecitos, todavía más asquerosos y viles.

Esto no significa que no haya que traducir la obra de Drews. Esto significa que los comunistas y todos los materialistas consecuentes deben, al mismo tiempo que realizan en cierta medida su alianza con la parte progresista de la burguesía, desenmascararla sin reserva cuando esta se desliza a la reacción. Esto significa que rehuir la alianza con los representantes de la burguesía del siglo XVIII, es decir, de la época en que esta era revolucionaria, equivaldría a la traición al marxismo y al materialismo, puesto que la «alianza» con los Drews, en una u otra forma, en mayor o menor grado, es obligatoria para nosotros en la lucha contra los oscurantistas religiosos dominantes.

La revista *Pod Známeniem Marxizma,* que se propone ser el órgano de prensa del materialismo militante, debe dedicar mucho espacio a la propaganda atea, a la información sobre la literatura respectiva y subsanar las enormes faltas de nuestra labor estatal en este terreno. Es especialmente importante el utilizar libros y folletos que contengan muchos hechos concretos y comparaciones, que demuestren la relación existente entre los intereses de clase y las organizaciones de clase de la burguesía moderna, por un lado, y las organizaciones de las instituciones religiosas y de la propaganda religiosa, por el otro.

Son extraordinariamente importantes todos los materiales que se refieren a Estados Unidos, donde se revela, en grado menor, la relación oficial, gubernamental, de Estado, entre la religión y el capital. Pero, en cambio, se nos hace más evidente que la llamada «democracia moderna» (ante la cual los mencheviques, los eseristas y, en parte, los anarquistas, etc., se rompen la frente prosternándose con tanta insensatez) no representa en sí otra cosa que la libertad de predicar lo que convenga a la burguesía, y a esta le conviene predicar las ideas más reaccionarias, la religión, el oscurantismo, la defensa de los explotadores, etcétera.

Quisiera abrigar la esperanza de que la revista, que se propone ser el órgano de prensa del materialismo militante, ofrecerá a nuestros lectores un comentario de la literatura atea, con unas referencias que indiquen para qué círculos de lectores y en qué sentido podrían ser adecuadas tales o cuales obras, y una relación de las publicadas en nuestro país (se deben considerar publicadas únicamente las obras que estén traducidas de un modo soportable, cuyo número no es cuantioso) y de lo que deberíamos editar.

* * *

Además de la alianza con los materialistas consecuentes que no estén afiliados al Partido Comunista, no es de menor importancia, sino quizá de mayor aún, para la labor que el materialismo militante debe realizar, la alianza con los representantes de las Ciencias Naturales modernas que tiendan al materialismo y no teman defenderlo ni predicarlo contra las vacilaciones filosóficas en boga, que se inclinan hacia el idealismo y el escepticismo, predominantes en la llamada «sociedad intelectual».

El artículo de A. Timiriázev sobre la teoría de la relatividad de Einstein publicado en el n.º 1-2 de *Pod Známeniem Marxizma,* permite abrigar la esperanza de que la revista logre también realizar esta segunda clase de alianza. Es necesario dedicarle a esta última mayor atención. Hay que recordar que, precisamente del brusco viraje por el que en la actualidad pasan las ciencias naturales modernas, surgen a cada paso las escuelas y escuelillas, las tendencias y subtendencias filosóficas reaccionarias. Por lo tanto, seguir de cerca los problemas que la novísima revolución en la esfera de las ciencias naturales destaca y atraer a esta labor, en la revista filosófica, a los investigadores naturalistas, es una tarea sin cuya solución el materialismo militante no puede ser, en modo alguno, ni militante ni materialismo. Si Timiriázev se vio obligado a hacer la reserva en el primer número de la revista de que a la teoría de Einstein –quien, según dice Timiriázev, no ha emprendido personalmente ninguna cruzada activa contra las bases del materialismo–, ya se aferraron un sinnúmero de intelectuales burgueses en todos los países, esto se refiere no solo a Einstein, sino a toda una serie, quizás a la mayoría, de los grandes transformadores de las ciencias naturales, a partir de finales del siglo XIX.

Y para no abordar semejante fenómeno de un modo inconsciente, debemos comprender que, sin una sólida fundamentación filosófica, ninguna ciencia natural, ningún materialismo podrían soportar la lucha contra el empuje de las ideas burguesas y el restablecimiento de la concepción burguesa del mundo. Para soportar esta lucha y llevarla a cabo con pleno éxito hasta el final, el naturalista debe ser un materialista moderno, un partidario consciente del materialismo representado por Marx, es decir, debe ser un materialista dialéctico. Para obtener este fin, los colaboradores de la revista *Pod Známeniem Marxizma* deben organizar el estudio sistemático de la dialéctica de Hegel desde el punto de vista materialista, es decir, de aquella dialéctica que Marx aplicó también prácticamente en su obra *El capital* y en sus otras obras históricas y políticas, con tal éxito, que en la actualidad cada día del despertar de las nuevas clases a la vida y a la lucha en Oriente (Japón, India, China) –es decir, de aquellos centenares de millones de hombres que constituyen la mayoría de la población del globo y que hasta ahora con su inactividad y letargo históricos eran causa del estancamiento y de la putrefacción de muchos Estados adelantados, de Europa–, cada día del despertar a la vida de nuevos pueblos y de nuevas clases confirma, cada vez más y más, el marxismo.

Naturalmente, la labor dedicada a tal estudio, a tal interpretación y a tal propaganda de la dialéctica de Hegel es sumamente difícil y, sin duda, los primeros intentos en este sentido se verán acompañados por errores. Pero únicamente quien no hace nada no se equivoca. Basándose en el modo como Marx aplicaba la dialéctica de Hegel, concebida de una manera materialista, podemos y debemos desarrollar esta dialéctica en todos sus aspectos, publicar en la revista fragmentos de las principales obras de Hegel, interpretarlas de un modo materialista, comentándolas con ayuda de ejemplos de la aplicación de la dialéctica por Marx y también con ejemplos de la dialéctica aplicada al terreno de las relaciones económicas y políticas, ejemplos que la historia contemporánea, sobre todo la guerra imperialista y la revolución actuales, nos ofrecen en cantidad extraordinariamente abundante. El grupo de redactores y colaboradores de la revista *Pod Známeniem Marxizma,* a mi parecer, debe constituir algo así como una «sociedad de amigos materialistas de la dialéctica hegeliana». Los naturalistas modernos encontrarán (si saben investigar y si nosotros aprendemos a ayudarles en ello) en la interpretación materialista de la dialéctica de Hegel una serie de respuestas a las cuestiones filosóficas que plantea la revolución en las ciencias naturales y con las cuales «caen» en la reacción los admiradores intelectuales de las modas burguesas.

Sin plantearse semejante tarea y sin cumplirla sistemáticamente, el materialismo no puede ser materialismo combativo. Seguirá siendo, empleando una expresión de Schedrín, no tan combativo, como combatido. Sin ello, los grandes naturalistas seguirán siendo, con tanta frecuencia como hasta ahora, impotentes en sus conclusiones y generalizaciones filosóficas, ya que las ciencias naturales progresan con tanta rapidez, atraviesan un periodo de tan profundo viraje revolucionario en todas las ramas, que no pueden pasarse de ninguna manera sin las conclusiones filosóficas.

En conclusión, trataré un ejemplo que no se refiere al terreno de la filosofía, pero que, en todo caso, se refiere al de las cuestiones sociales, a las que *Pod Známeniem Marxizma* también quiere prestar atención.

Este es uno de los ejemplos de cómo la seudociencia de nuestros días, en realidad, sirve de vía para los conceptos reaccionarios más groseros e ignominiosos.

Hace poco me enviaron el n.º 1 de la revista *Ekonomist* (1922), editada por la XI sección de la «Sociedad Técnica Rusa». El joven comunista que me la envió (seguramente no ha tenido tiempo de conocer el contenido de la revista) tuvo el descuido de recomendármela con mucha simpatía. En realidad, esta revista es, no sé en qué medida conscientemente, un órgano de prensa de los feudales modernos que, naturalmente, se encubren con el manto de la sabiduría, de la democracia, etcétera.

Cierto señor P. A. Sorokin publica en dicha revista unos estudios seudosociológicos titulados *Acerca de la influencia de la guerra*. El artículo científico está lleno de citas científicas de los trabajos «sociológicos» del autor y de sus numerosos maestros y cofrades del extranjero. He aquí una muestra de su sabiduría.

«En la actualidad, de cada 10.000 matrimonios en Petrogrado se cuentan 92,2 divorcios, una cantidad fantástica; además, de cada 100 casos de divorcio el 51,1 de los matrimonios duraron menos de un año, el 11%, menos de un mes, el 22%, menos de dos meses, el 41 %, menos de 3-6 meses y solo el 26% duraron más de 6 meses. Estas cifras testimonian que el matrimonio legal moderno es una forma que, en realidad, encubre las relaciones sexuales extramatrimoniales y que ofrece la posibilidad a los amantes "de la manzana" de satisfacer de un modo "legal" sus apetitos» (*Ekonomist* 1, p. 83).

No cabe duda que tanto dicho señor, como esa sociedad técnica rusa que edita la revista mencionada, publicando en

ella semejantes raciocinios, se consideran a sí mismos partidarios de la democracia y tomarán por grandísima ofensa el
que se les llame por el nombre que en la realidad se mere-
cen, es decir, feudales, reaccionarios, «lacayos diplomados
del clericalismo».

El más mínimo conocimiento de la legislación de los
países burgueses con respecto al matrimonio, divorcio e hijos naturales, así como de la situación real a este respecto,
mostrará a cualquiera que se interese por esta cuestión que
la democracia burguesa moderna, incluso en todas las repúblicas burguesas más democráticas, se revela, precisamente
en este sentido, como feudal con respecto a la mujer y a los
hijos naturales.

Esto, claro está, no impide a los mencheviques, a los eseristas y a una parte de los anarquistas, y a todos los correspondientes partidos en Occidente, continuar gritando acerca de la democracia y de la violación de la misma por parte
de los bolcheviques. En realidad, la única revolución consecuentemente democrática con respecto a cuestiones como
las del matrimonio, el divorcio y la situación de los hijos
naturales, es, precisamente, la revolución bolchevique. Y
esta es una cuestión que atañe de un modo muy directo a
los intereses de más de la mitad de la población de cualquier
país. Solo la revolución bolchevique, por primera vez, a pesar de la enorme cantidad de revoluciones burguesas que la
precedieron y que se llamaban democráticas, ha llevado a
cabo una lucha decidida en dicho sentido, tanto contra la
reacción y el feudalismo como contra la hipocresía habitual
de las clases pudientes y gobernantes.

Si los 92 divorcios, en proporción a 10.000 matrimonios, le parecen una cifra fantástica al señor Sorokin, nos
queda por suponer que el autor o bien ha vivido y se ha
educado en algún monasterio tan alejado de la vida que es

dudoso que alguien crea en la existencia de tal monasterio, o bien dicho autor tergiversa la verdad para complacer a la reacción y a la burguesía. Cualquiera que conozca, por poco que sea, las condiciones sociales de los países burgueses, sabrá que el número real de los divorcios reales (naturalmente, no sancionados por la Iglesia y por la ley) es, en todas partes, inconmensurablemente más grande. En este sentido, Rusia solo se distingue de otros países en que sus leyes no santifican la hipocresía y la carencia de derecho de la mujer y su hijo, sino que declaran abiertamente y en nombre del poder del Estado una guerra sistemática a toda hipocresía y toda falta de derechos.

La revista marxista tendrá que hacer la guerra también a semejantes feudales «cultos» de nuestros tiempos. Seguramente, una parte no pequeña de ellos incluso reciben honorarios del Estado y están al servicio del Estado ilustrando a la juventud, a pesar de que sirven para tales fines en un grado no mayor del que servirían degenerados manifiestos para desempeñar el cargo de pasantes en instituciones de enseñanza para menores.

La clase obrera de Rusia supo conquistar el poder, pero no ha aprendido todavía a utilizarlo, puesto que, en caso contrario, hace ya mucho que habría enviado, lo más cortésmente posible, a semejantes pedagogos y miembros de sociedades científicas a los países de la «democracia» burguesa. Allí es el lugar más adecuado para semejantes feudales.

Pero ya aprenderá, que no le falten las ganas de aprender.

12 de marzo de 1922

Índice

Tesis de abril
978-84-460-5463-4 | 96 pp.

La enfermedad infantil del «izquierdismo» en el comunismo
978-84-460-5105-3 | 144 pp.

La emancipación de la mujer
978-84-460-5042-1 | 176 pp.

¿Qué hacer?
978-84-460-4164-1 | 216 pp.

La Comuna de París
Junto a Karl Marx y Friedrich Engels
978-84-460-3183-3 | 128 pp.